약 ── 한 ── 연 ── 결

약 한 연 결

검색어를 찾는 여행

아즈마 히로키 지음

안천 옮김

일러두기

○ 이 책은 저자가 《성성협》(2012년 12월호~2013년 11월호)에 연재한 「검색어를 찾는 여행」을
대폭 수정 및 추가하여 쓴 것이다. 아즈마 히로키는 경어체로 글을 썼지만,
한국어판에서는 평어로 바꾸었다. 원서에서 굵은 글씨로 강조한 부분은 밑줄로 표기했다.
옮긴이주, 메모 등 옮긴이가 추가한 글은 주석으로 표기했다.

○ 단행본은 『』, 잡지, 신문 등은 《 》, 작품, 영화, 방송 프로그램, 시리즈 등은 〈 〉, 시, 논문 등은 「」로 표기했다.

0

들어가며

강한 인터넷과
약한 현실

인터넷은 계급을 고정하는 도구다. '계급'이라는 말이 너무 강하게 느껴진다면 당신의 '소속'이라 해도 좋다. 세대, 사회, 취미…… 무엇이든 상관없는데 사람이 속한 공동체의 인간관계를 더 깊게 하고, 고정시켜 거기에서 벗어나지 못하게 하는 미디어가 인터넷이다.

구글 검색의 맞춤형 서비스는 이미 상당히 진화했다. 당신이 무언가를 검색하려고 하면 "○○ 씨라면 이런 것을 알고 싶겠지"라고 예측해 검색을 해준다. 검색 기술은 앞으로 점점 발전할 것이다. 당신은 스스로 자유롭게 검색한다고 여기겠지만, 사실 구글이 취사선택한 틀에서 이루어진다. 인터넷을 사용하는 한 타자他者가 규정한 세계 안에서 생각할 뿐이다. 점점 그런 세계가 되어가고 있다. 하지만 우리는 이제 인터넷에서 벗어날 수 없다. 그렇다면 그 통제에서 벗어날 방법은 오로지 하나. 구글이 예측할 수 없는 말을 검색하는 것이다. 어떻게 하면 이것이 가능할까? 이 책의 답은 단순하다. '장소'를 바꿔라. 그뿐이다.

검색어는 연상을 통해 나온다. 뇌의 회로는 바뀌지 않는다. 하지만 인풋input이 바뀌면 같은 회로라도 아웃풋output

이 바뀐다. 연상의 네트워크를 넓히기 위해서는 이런저런 생각을 하는 것보다 연상하는 환경을 바꾸는 편이 빠르다. 같은 인간이라도 다른 장소에서 구글을 열면 다른 말로 검색을 한다. 그리고 거기에서 지금까지와는 다른 세계가 열린다. 세계는 검색어 숫자만큼 존재하기 때문이다.

이 책은 자기계발서처럼 보일지도 모른다. 일부러 그렇게 만들었다. 하지만 자기 찾기*를 하고 싶은 사람에게 이 책은 쓸모가 없을 것이다. 자기 찾기를 하고 싶다면 애초에 책을 읽을 필요가 없다. 여행을 할 필요도 없다. 그냥 당신의 부모를 관찰하면 된다. 아니면 태어난 동네, 모교, 친구를 관찰하면 된다. '당신'은 거기에 있다. 인간은 환경의 산물이니까. 따라서 자기를 바꾸려면 '환경'을 바꿔야 한다. 인간은 환경에 저항할 수 없다. 환경을 개조할 수도 없다. 그렇다면 환경을 '바꾸는(=이동하는)' 수밖에 없다.

　　　이는 분명한 사실이다. 하지만 사람들은 의외로 이를 실천하지 않는다. 모든 인간은 자신의 능동성을 너무 신뢰하기 때문이다. 예를 들어 당신이 지금 중학생이고 명문대에,

* '自分探し'를 '자기 찾기'로 번역했다. 일본에서 '자기 찾기'란 자기 삶의 의미나 자신의 참 모습을 찾기 위해 여행 등의 활동을 하는 것을 의미한다. - 옮긴이

그래, 어디든 상관없으니 도쿄대학에 가고 싶다고 치자. 도쿄대학에 가기 위해 가장 중요한 것은 무엇일까. 수험생에게 인기 있는 참고서를 읽는 것일까? 유명 학원에 다니는 것일까? 생활 습관을 고치는 것일까? 다 틀렸다. 가장 효율적인 방법은 도쿄대학 합격자를 많이 배출하는 고등학교에 입학하는 것이다. 즉, 도쿄대학에 입학할 확률이 가장 높은 환경에 들어가는 것이다.

　　도쿄대학은 합격자의 현역 비율이 높고, 그중에서도 몇몇 명문 고등학교 출신이 많기로 유명하다. 소수의 명문 고등학교를 졸업하고 재수를 하지 않고 곧바로 합격한 사람이 많은 대학이다. 그 명문 고등학교 학생들이 특별히 우수해서 그런 것일까? 그렇지 않다고 단언할 수는 없다. 하지만 그보다 주변에 도쿄대학에 합격하는 동기나 선배가 많아서 도쿄대학에 들어가기 위한 비결을 손쉽게 넣을 수 있다는 점을 무시할 수 없다. 명문 고등학교에 다니면 어느 학원이 좋은지, 어느 참고서가 좋은지 고민할 필요가 없다. 주변 사람들이 다니는 학원에 다니고, 주변 사람들이 보는 참고서를 보면된다. 이것만으로도 부담을 덜 수 있다. '어떻게 공부하면 되는지'를 알면, 그 후부터는 정해진 공부를 꾸준히 하면 된다.

　이는 내 개인의 경험이기도 하다. 나도 명문으로 꼽히는 고등학교를 졸업했다. 당시나 지금이나 졸업생 절반이 현역으로, 재수 등을 포함하면 2/3가량이 도쿄대학에 들어가는 학교다. 2/3가 진학한다는 것은 성적이 하위권이어도 도쿄대학에 들어간다는 말이다. 그들이 모두 다른 고등학교에서 최고의 성적을 얻었을까를 생각하면 그렇지 않다. 환경이 그들을 도쿄대학에 들어가게 한 것이다.

　이는 대학 입시에만 적용되는 것은 아니다. 나는 비평가로서 여러 사람을 만나왔다. 그중에는 부자도, 세계적인 크리에이터도 있었다. 그때마다 환경이 인간을 만든다는 생각을 하게 되었다. 부자와 만나면 자연스레 어떻게 하면 돈을 벌 수 있는지를 알게 되어 자신도 부자가 된다. 크리에이터를 만나면 자연스레 어떻게 하면 좋은 것을 만들 수 있는지 알게 되어 자신도 크리에이터가 된다. 인간은 기본적으로 그런 생물이다. 예외인 자를 '천재'라고 부르지만 대부분의 사람들은 천재가 아니다.

우리는 환경에 규정되어 있다. '유일무이한 개인'은 존재하지 않는다. 우리가 생각하는 것, 떠올리는 것, 욕망하는 것은 대체로 환경으로부터 예측 가능한 것에 지나지 않다. 당신은 당신의 환경으로부터 예상할 수 있는 변수parameter의 집합일 뿐이다. 사람들은 '자기가 원하는 것'과 '환경이 자신에게 요구할 것으로 예측되는 것'이 일치할 때 스트레스를 받지 않고 평화롭게 살아갈 수 있다. 명문고에 다니는 수험생이 그 예다. 이는 나쁘지 않다. 다시 말하지만 인간은 그런 생물이다. 그런데도 많은 사람은 오직 한 번뿐인 인생을 유일무이하다고 여기며 살고 싶어 한다. 환경으로부터 통계적으로 예측될 뿐인 인생 따위는 지겹다고 느낀다.

　　여기에 인간이 고통스러워하는 큰 모순이 있다. 우리한 사람 한 사람은 바깥에서 보면 단순히 환경의 산물일 뿐이다. 그런데 안에서는 모두 '유일무이한 나'라고 느낀다. 이를 철학적으로 말하면 '주관'과 '객관' 혹은 '실존'과 '구조', 좀 더 최근의 철학 용어를 쓰면 '분자molecular적'인 것과 '몰mole적'인 것의 차이라 할 수 있다. 그런 용어를 쓰지 않더라도 누구나 한 번쯤 느꼈을 법한 모순이다.

이 모순을 극복하는, 적어도 극복한 것처럼 보이게 하는 유효한 방법은 오로지 하나. 다시 한 번 말하지만, <u>환경을 의도적으로 바꾸는 것</u>이다. 환경을 달리하여 사고, 발상, 욕망이 바뀔 가능성에 거는 것. 자신이 놓인 환경을 자기 의지로 부수고 바꾸어가는 것. 자신과 환경의 일치를 스스로 부수는 것. 구글이 주는 검색어를 의도적으로 배반하는 것. 환경이 요구하는 자신의 모습에 정기적으로 노이즈noise를 끼워넣는 것.

추상적인 이야기가 아니다. 경제 경영서, 자기 계발서에도 적혀 있을 법한 실천적인 이야기다. 미국의 사회학자 마크 그라노베터Mark Granovetter, 스탠퍼드대학교 석좌교수가 1970년대에 제창한 '약한 유대관계Weak Tie'라는 유명한 개념이 있다. 당시 그라노베터는 보스턴 교외에 사는 약 300명 정도의 남성 화이트칼라를 대상으로 조사했다. 그 결과, 많은 사람들이 인간관계를 통해 직업을 찾는다는 것, 그것도 직장 상사나 친척 등이 아니라 '우연히 파티에서 알게 된 사람'처럼 '약한 유대관계'가 계기가 되어 일자리를 옮긴 사람이 더 높은 만족을 얻는다는 사실을 발견했다. 깊이 아는 사이보다 '얕게' 아는 사이가 성공의 기회를 가져온다는 것이다. 이는 기묘한 결과로 보이지만 조금만 생각해보아도 당연하다는 것을 알 수 있다.

예를 들어 지금 당신이 직장을 옮기고 싶다 치자. 이때 친구나 동료는 모두 당신의 지금 위치를 알고 있고, 성격과 능력도 알고 있다. 그들은 십중팔구 당신이 예측할 수 있는 이직 자리를 소개할 것이다. 이에 비해 '파티에서 우연히 알게 된 사람'은 당신을 모른다. 모르기 때문에 미지의 직장을 소개할 가능성이 있다. 이는 큰 착각으로 귀결될 수도 있지만, 당신이 미처 알지 못하는 적성을 발견할 기회일 수도 있다. 이 '약한 유대관계'는 사회의 다이나미즘dynamism, 활력을 사유하는 데 매우 중요한 개념으로, 최첨단 네트워크 이론도 자주 참조하는 것이다.

즉, 알찬 삶을 위해서는 강한 유대관계와 약한 유대관계가 모두 필요하다. 현재의 당신이 깊이를 추구한다면 강한 유대관계가 필요하다. 하지만 그것만으로는 당신은 환경에 매몰되고 만다. 당신은 주어진 입력을 단지 출력할 뿐인 기계가 되고 만다. 이를 뛰어넘어 당신의 삶을 유일무이한 것으로 만들기 위해서는 약한 유대관계가 반드시 필요하다.

사람들은 대개 현실의 인간관계는 강하고, 인터넷은 얕고 넓은 약한 유대관계를 만드는 데 적합하다고 생각한다. 하지만 실제로는 정반대다. 인터넷은 강한 유대관계를 더 강하게 만드는 미디어이다. 믹시**나 페이스북을 떠올려보라.

약한 유대관계는 노이즈로 가득하다. 이 노이즈가 바로 기회라는 것이 그라노베터의 가르침이다. 그러나 현실의 인터넷은 그런 노이즈를 배제하는 기법을 계속 개발하고 있다. 지금의 인터넷은 '파티에서 우연히 옆에 앉게 되어 속으로는 귀찮다고 생각하면서 이야기하는 사이에 누군가의 소개를 받는' 상황을 실현하기가 매우 힘들다. 귀찮다고 생각한 순간 바로 '차단block'하거나 '뮤트mute'할 수 있기 때문이다.

그렇다면 우리는 어디에서 약한 유대관계를, 우연한 만남을 찾아야 할까? 바로 현실이다. 신체의 이동이고, 여행이다. 인터넷에는 노이즈가 없다. 따라서 현실에 노이즈를 도입한다. 약한 현실이 있어야 비로소 인터넷의 강함을 활용할 수 있다.

** 일본의 대표적인 소셜 네트워크 서비스. - 옮긴이

이 책은 2012년부터 2013년에 거쳐 겐토샤幻冬舎의《성성협星星
峽》이라는 저널에 연재한 에세이를 재구성한 것이다. 상당히
손을 가했고, 잡다한 부분은 대폭 잘라냈다. 연재 당시와는
상당 부분이 달라졌다. 나로서는 처음으로 '철학이나 비평에
기본적으로 흥미 없는 독자를 상정하고 쓴 책'이다. 술자리에
서 인생론을 듣는 기분으로, 가벼운 마음으로 책장을 넘겨주
었으면 한다.

1

여행을 떠난다

타이완 / 인도

가보지 않으면
모른다

2012년 가을, 타이완에 다녀왔다. 졸저 『동물화하는 포스트모던』의 중국어판이 간행되어 타이완 출판사의 초청을 받았다. 타이완에는 일본을 좋아하는 사람들이 많다는 이야기를 종종 듣는다. 그러나 실은 그리 단순하지 않다.

　　타이완에는 본성인本省人•과 외성인外省人이라는 구별이 있다. 본성인이란 일본 식민지시대부터 계속해서 타이완에서 살고 있는 사람이다. 외성인은 1945년 이후에 국민당의 장제스蔣介石와 함께 대륙에서 건너온 새로운 타이완 주민이다. 이 대립이 전후의 타이완 정치를 규정한다. 여기까지는 알고 있었지만 이번에 타이완을 방문해 처음 알게 된 사실은 '일본의 서브컬처sub culture, 하위문화가 좋다'고 하는 사람은 기본적으로 본성인의 후손이라는 것이다. 외성인은 오히려 일본을 싫어한다고 한다.

• 아즈마는 '타이완인'이라는 용어를 쓰고 있지만 바로 뒤에 나오는 '외성인'과 대비되는
　용어가 나올 듯하고, '타이완인'이라는 용어는 본성인과 외성인을 포괄하는 용어로 쓰이기
　때문에 여기에서는 '본성인'으로 번역한다. - 옮긴이

실제로 이번에 내가 만나 일본어로 이야기를 나눈 사람은 모두 외성인이 아니라 본성인이었다. 어릴 적부터 가족에 일본어를 쓰는 사람이 있고, 집에 일본 가요가 흘러서 자연스레 일본의 대중문화를 좋아하게 되었다고 한다. 즉, 타이완에서는 일본에 대한 감성이 가족의 계보와 관계 있다. 물론 내가 발견한 것은 아니다. 타이완에 산 적이 있는 사람에게는 상식이고, 인터넷으로 찾아보아도 알 수 있는 이야기다. 그러나 내가 실제로 타이완에 가보지 않았다면 영영 몰랐을 것이고 찾아볼 기회도 없었을 것이다.

여름휴가 때 인도에도 다녀왔다. 아내와 딸도 함께한 가족 여행이었다. 인도에 특별히 갈 이유가 있었던 것은 아니었다. 나는 본래 가족과 여러 나라를 다니는 것을 좋아한다. 봄에는 카리브 해에 갔었고, 그전에는 스리랑카, 캄보디아, 두바이 등에 다녀왔다.

"인도에 갔다"고 하면 아직도 일본에서는 독특한 울림이 있는지 귀를 쫑긋하는 사람이 있다. 이를 상징하는 것이 『지구를 걷는 법』[••]의 인도 편.『지구를 걷는 법』시리즈의 기념비적인 제1권이다. 이번 여행을 위해 읽어보니 아직도 배

•• 일본의 해외여행 가이드 시리즈. - 옮긴이

낭여행 문화의 여운이 남아 있었다. 책장을 넘겼더니 갑자기 "인도에 가면 호텔 예약은 하지 마라"고 쓰여 있다. 일단 카오스의 한가운데에 몸을 맡겨보자. 인도 여행은 그로부터 시작된다……. 그러나 마흔이 넘어서 인도의 저 무질서한 카오스에 몸을 맡기고 호텔을 찾다가는 몸이 성하지 않을 것이다. 가족을 동반한 인도 여행은 상상조차 못하리라.

　　잠깐 이야기가 옆으로 샜다. 그러나 앞에서와 마찬가지로 "가지 않았다면 몰랐을 것이고 알 기회도 없었다"는 이야기로 이어진다.

인터넷에는 없는

도착 비자 정보

나는 이번 여행에서 비자를 받는 것을 깜빡했다. 일본 여권은
매우 유용해서 대체로 어떤 나라든 관광하는 데 비자가 필요
하지 않다. 거기에 익숙해져서 항공권이나 호텔은 예약하고
비자는 완전히 잊고 있었는데 출발하기 이틀 전에 별 생각 없
이 "인도 비자"를 검색했더니 반드시 비자가 필요하다는 것이
었다. 대사관에서 비자를 받기에는 이미 늦은 시점이었다.

　　절망에 빠져 울기 직전이었는데 더 찾아보니 '도착 비
자visa on arrival'라는 것이 있는 듯했다. 델리의 공항에 도착해
그 자리에서 비자를 받는 제도다. 인도가 도착 비자를 발급하
는 나라는 열 곳 정도인데, 그 안에 기적적으로 일본이 포함
되어 있었다.

　　그런데 일본어로 '인도 도착 비자'를 검색하면 거의
아무것도 뜨지 않아서 불안해진다. 여행사도 도착 비자는

권유하지 않는다. 몇 안 되는 검색 결과는 배낭여행자의 일기뿐. 그들의 블로그를 읽어보면 한결같이 도착 비자를 취득하는 것은 어렵다고 쓰여 있다. 공항에서 몇 시간이나 기다려야 하고, 필요 서류를 제출해도 담당직원이 받아주지 않았으며, 다음 날 오전 5시에야 겨우 받을 수 있었다는 식이다. 7살 된 딸도 함께 가는 여행인데 저렇다면 큰 문제다. 비행기로 10시간 걸려 도착한 후, 우리 부부는 두려움에 떨며 비자 발급 카운터로 향했다.

그런데 실제로는 어땠을까? 결론부터 말하자면 순식간에 받을 수 있었다. 심사도 느슨했다. 발급 카운터는 인적이 드문 한산한 곳에 있고, 그곳의 아저씨와 아주머니는 외국인 여행자의 얼굴을 보고 그 자리에서 발급을 정하는 것처럼 보였다. 책상에 컴퓨터도 없다. 컴퓨터가 없다는 것은 여행자의 도항 이력을 검색하지 않는다는 것을 의미한다. 여권 번호를 볼펜으로 노트에 적는 것으로 끝이었다.

왜 인터넷 정보와 달리 우리 가족은 바로 비자를 받을 수 있었을까? 역시 결론부터 말하자면 호텔 때문이었다. 우리는 인도에 머무는 동안 오베로이에서 묵을 예정이었다. 이른바 5성 호텔. 그래서 담당직원에게 "오베로이에서 묵는다"고 했더니 "좋아!"라는 뉘앙스로 엄지손가락을 추어올리는 것이었다. "비자는?" 하고 물으니 "문제없어"라고 바로 답해주었다. 인도 대사관 홈페이지에는 도착 비자를 발급받기 위해서는 출국 항공권과 호텔 숙박을 증명하는 서류가 필요하다고 쓰여 있었지만, 실제로는 오베로이에서 숙박한다는 말만으로 서류 심사는 건너뛰고 즉시 발급받았다.

이 경험을 통해 인도에 대한 정보는 블로그에 글을 쓰는 사람들의 행동으로 필터링된다는 사실을 알았다. 한마디로 도착 비자는 배낭여행자에게 엄격했던 것이다. 깔끔한 복장으로 "좋은 호텔에 묵는다"고 말하면 쉽게 발급받을 수 있다. 하지만 그런 정보는 인터넷에 없다. 배낭여행자만 인도에 대해 글을 쓰기 때문이다.

일본에 살면서
"케랄라"라고 입력할 가능성

여행은 세계유산을 둘러보기 위한 것이었다. 세계유산이 넘쳐나는 세 도시 - 델리, 아그라, 자이푸르 - 를 둘러보았다. 혼잡에 몸을 맡기지도, 자기 찾기도 하지 않았다. 인력거를 타고 거리를 돌기는 했지만 딸은 소똥과 구정물로 가득한 길을 정말 싫어했다. 아이란 그렇다.

　　휴가 여행이라 사흘에 하루는 호텔의 수영장에서 아이를 놀게 하고, 일도 다 잊고 푹 늘어져 있었다. 그럴 때는 인터넷에 빠지게 되는 법이다. 인도에 대해 이런저런 사이트를 찾아다니다가 남부에 있는 케랄라Kerala 주를 알게 되었다.

　　케랄라 주는 일본에 별로 알려지지 않았고, 나 또한 전혀 몰랐던 곳이었는데 꽤 흥미로웠다. 식자율이 높고, 유아 사망률이 낮은 인도에서 선진적인 지역이다. IT 추진 지역이고, '자유 소프트웨어 운동'의 중심인물인 리처드 스톨먼

Richard Stallman의 조언에 따라 자유 소프트화를 추진하고 있었다. 아라비아 해 연안의 휴양지이기도 해서 관광산업도 활성화되었다. 인구는 3천만 명 정도. 공산당이 자주 선거에서 이겨 여당이 되는 지역이라는 것도 눈길을 사로잡는다. 세계적으로도 좌익 정권이 이처럼 성공한 지역은 드물다고 한다.

이 지역은 해안선 부근에 특수한 암반이 있어서 자연 방사선량이 높다는 것도 흥미롭다. 높은 곳은 연간 20밀리시버트sievert, 방사선이 생물에 미치는 영향을 나타내는 측정단위, 약어 Sv 정도로, 일부 지방은 쌍둥이 출생률이 다른 곳에 비해 상당히 높다고 한다. IT, 좌익 정권, 관광, 방사능. 앞으로 자세히 다루겠지만, '후쿠시마 제1 원전 관광지화 계획'을 추진하고 있는 나에게 관심이 가는 키워드로 이루어진 곳이었다.

그러나 여기에서 결정적으로 중요한 것은 지금 내가 얘기한 내용이 인터넷에 일본어로 올라와 있다는 사실이다. 그런데도 나는 몰랐다. 대부분의 독자도 몰랐으리라고 생각한다. 아무리 인터넷에 정보가 공개되어 있어도 특정 검색어로 검색하지 않으면 손에 넣을 수 없다. 케랄라의 정보에 도달하기 위해서는 검색창에 '케랄라'라고 입력해야 한다. 이것이 인터넷의 특성이다. 그렇다면 나는 어떻게 '케랄라'에 도달했을까?

　인도에 갔기 때문이다. 실제로 인도에 가지 않았다면 케랄라를 검색할 기회는 없었을 것이다. 평생 검색할 일이 없었던 단어일지도 모른다. 이와같이 인터넷은 '현실'을 필요로 한다.

여행은 '자기'가 아니라
'검색어'를 바꾼다

우리는 지금 인터넷으로 전 세계의 정보를 검색할 수 있다, 전 세계와 연결되어 있다고 여긴다. 타이완에 대해서도, 인도에 대해서도 검색하면 무엇이든 알 수 있다고 생각한다. 그러나 실제로는 신체가 어떤 환경에 있느냐에 따라 검색어가 바뀐다. 욕망의 상태에 따라 검색어가 바뀌고, 보이는 세계가 바뀐다. 달리 말해 아무리 정보가 넘쳐나도 적절한 욕망이 없다면 아무 의미 없다.

나는 현재 일본의 젊은 세대, 아니 전체 일본인을 볼 때마다 새로운 정보를 향한 욕망이 희박해지고 있다고 느낀다. 야후 뉴스를 보고, 트위터를 보며 모두 똑같은 것만 검색하고 있다. 최근에는 '웹 서핑'이라는 말도 듣기 힘들어졌다. 한 사이트에서 링크를 따라 우연히 다른 사이트를 찾는 경우도 줄어들고 있다.

내가 해외로 휴가를 떠나는 이유는 일본어로 둘러싸인 생활에서 탈출하지 않으면 정신적으로 쉴 수가 없기 때문이다. 머릿속을 리셋reset할 수 없다. 일본에 있는 한, 규슈에 가든 홋카이도에 가든 편의점에 들르면 모든 상품이 똑같다. 서점에 들어가도 똑같은 책만 진열되어 있다. 그런 환경에 숨이 막힌다.

국경을 넘으면 언어가 바뀌고 브랜드와 간판을 포함해 자신을 둘러싼 기호 환경이 확 바뀐다. 해외에 가면 평소처럼 인터넷을 하고 있어도 보는 사이트가 바뀐다. 첫째 날, 둘째 날은 일본에서의 습관 때문에 트위터나 아사히신문 사이트에 들어가지만 점점 그런 것에 상관하지 않는 자신을 발견하게 된다. 그리고 일본에서는 결코 볼 일이 없는 사이트를 방문하게 된다. 자신의 물리적인 신체 위치를 바꾸는 것은 정보 섭취라는 측면에서 큰 의미가 있다.

그래서 이 책에서는 "젊은이여 여행을 떠나라"고 목청 높여 호소하고 싶다. 단, 자기 찾기가 아니라 '새로운 검색어'를 찾기 위한 여행. 인터넷을 떠나 현실로 돌아가기 위한 여행이 아니라, 더 깊이 인터넷에 빠지기 위해 현실을 바꾸는 여행.

인터넷으로는

보고 싶은 것만 볼 수 있다

일본에서는 전후 고도 성장기가 끝나고, 쇼와 시대*가 끝나고, 냉전이 끝나면서 더는 새로운 일은 일어나지 않는다는 분위기가 지배하고 있다. '끝없는 일상'**이라 불리는 감각이다. 3.11 동일본 대지진이 일어나도 그 분위기는 여전히 강하게 남아 있다. "이 세계는 어디든 똑같고 어디에도 새로운 것은 없다." "해외에 가느니 집에서 애니메이션 DVD를 본다"는 식의 감각.

　　개인의 취미를 이래라 저래라 할 생각은 없지만 그래도 이래서는 안 된다고 생각하는 현상도 보인다. 일본이 최고라고 생각하는 사람들이 많다는 사실이다. 젊은 세대의 논객도 지금 자신의 생활을 긍정하는 주장을 하고, 그런 사람이 인기를 얻는다. 그러나 가까운 장래에 연금 재정은 파탄 나고,

* 1925~1989년. - 옮긴이
** 사회학자 미야다이 신지宮台真司가 1995년에 간행한 『끝없는 일상을 살아라終わりなき日常を生きろ』에서 제시한 개념. 미야다이는 '세계의 정화'를 내세웠던 옴 진리교 테러를 비판하며 세계가 바뀌는 큰일이 일어날 것이라는 기대를 갖지 말고 평범한 일상이 끝없이 계속되는 현실을 받아들이며 살아가라고 주장했다. - 옮긴이

산업은 붕괴할 것이며, 지진은 또다시 일어나고, 정치는 전혀 기능하지 않을 것이다. 그래도 정말 좋은 나라일까? 심지어 '최고'라니.

인터넷은 그런 자기 긍정을 강화하는 미디어다. 트위터로 대표되는 소셜 네트워크는 기본적으로 무료이기 때문에 돈이 없는 젊은이들이 몰려든다. 유명인은 그런 '돈 없는 젊은이들'의 인기를 얻어야 한다. 결과적으로 특정 정보는 감추게 된다. 그들은 "규동을 먹었다" "편의점에 갔다"고 쓰지만 "어느 호텔에서 숙박했다"고는 쓰지 않는다. 지금 인터넷에서 인기를 끌기 위해서는 자기도 서민이라는 것을 강조해야 한다는 것을 잘 알고 있다. 그래서 인터넷의 정보는 "나도 당신과 똑같아. 나도 당신처럼 가난해, 다른 사람처럼 바빠"라는 부류의 것이다. 그러나 이는 허구다.

트위터에는 거부巨富 경영자가 많다. 그들의 계정을 팔로우하면 그들과 가까워진 느낌이 든다. 그러나 그것은 환상이다. 그들의 트위터를 아무리 쫓아 읽어도 그들의 자산이 얼마인지, 어떤 차를 타는지, 어떤 생활을 하고 있는지 전혀 알 수 없다. 정말 리얼한 정보는 트위터에 쓰지 않는다.

인터넷에는 정보가 넘쳐난다고 하지만 전혀 그렇지 않다. 오히려 중요한 정보는 보이지 않는다. 모두 자기가 쓰고 싶은 내용만 인터넷에 쓰기 때문이다.

배낭여행자는 배낭여행자가 본 인도에 대해서만 쓰고, 부자는 부자가 보여주고 싶은 자기 모습만 트윗한다. 일본에서 검색하면 그런 정보만 입수하게 된다. 이 한계를 어떻게 극복할 것인가? 이것이 이 책의 주제다.

2

관광객이 된다

후쿠시마

원전 사고를 미래에
알리기 위한 '관광지화'

2012년 10월 28일과 29일, 후쿠시마 현 미나미소마南相馬 시에
다녀왔다. 현지에서 워크숍을 개최하기 위해서였다.

내가 발행하고 있는 《사상지도 β》는 다음 호 특집으로
'후쿠시마 제1 원전 관광지화 계획'을 다룰 예정이다(후에 2013년
가을에 간행되었다). 25년 후 후쿠시마 제1 원전 터를 관광지로 바꾸
어버리자는 계획이다. 25년이라는 기간은 체르노빌과 관련
있다. 체르노빌 원전 사고가 일어난 것은 1986년으로, 그로부
터 25년 후인 2011년에 동일본 대지진이 일어났다.

일본에는 별로 알려지지 않았지만, 체르노빌 원전 주
변은 이미 오염 물질이 제거되어 관광객도 들어갈 수 있다.
체르노빌에서 약 130킬로미터 남쪽에 있는 우크라이나의 수
도 키예프Kiev에서 출발하는 투어 버스가 있다. 석관이라 불리
는, 사고가 일어난 4호기 바로 옆까지 갈 수 있다.

후쿠시마 제1 원전에서도 앞으로 같은 일이 벌어질 것이다. 도쿄에서 후쿠시마 제1 원전까지 약 220킬로미터. 자동차로 몇 시간이면 갈 수 있으니 많은 관광객이 후쿠시마 원전 터를 방문할 가능성은 충분하다. 그렇다면 그 자리를 그대로 방치할 것이 아니라 어떻게 관광지화하고, 사고의 비극을 어떻게 미래에 알릴 것인지를 지금부터 생각해야 하지 않을까? 그 시뮬레이션이 '후쿠시마 제1 원전 관광지화 계획'이다. '다크 투어리즘Dark Tourism'이라는 사고방식에 바탕을 둔 계획이다.

참가자는 나를 비롯해 언론인 쓰다 다이스케津田大介 씨, IT 기업 경영자 시미즈 료清水亮 씨, 건축가 후지무라 류지藤村龍至 씨, 예술가 우메자와 가즈키梅澤和木 씨, 저술가 하야미즈 겐로速水健朗 씨, 사회학자 가이누마 히로시開沼博 씨, 관광학자 이데 아키라井出明 씨다. 분야를 달리하는 개성 있는 사람들이 모여 연구회를 지속해왔다.

사고가 있었던 자리에

무엇을 만들지를 지금부터 생각한다

그런 와중에 이번 워크숍을 개최했다. 미나미소마의 젊은 시
의회 의원의 협력을 얻어 현지에 사는 20~30대 의사 및 경영
자를 한자리에 모아 '25년 후 후쿠시마에 대한 우리의 계획
을 어떻게 생각하십니까?'라는 주제로 의견을 나누었다.

우리는 미나미소마 또는 도쿄와 더 가까운 이와키에
여행자 센터Visit Center를 건설하자고 제안했다. 이곳은 관광객
을 모아 원전 터까지 왕복하는 버스 투어의 출발지이자 원전
사고를 후대에 전하는 박물관 및 오염 제거 기술을 배우는 연
수시설, 그리고 사고 기념물이 들어선 상징적인 장소가 될 것
이다. 아이들을 위해 원자력의 미래를 그린 과거 작품을 소개
하는 SF관도 있으면 좋겠다. 원전 터까지 버스로 30분~1시간
떨어진 곳으로 방사선량 측정기를 배부하는 등 엄밀한 관리
아래 사고 구역을 안전하게 견학할 수 있게 한다. 스마트폰을

터치하면 전용 앱이 작동하여 사고 직후의 혼란을 AR^Augmented Reality, 증강현실 기술로 가상 체험하게 하면 좋을 듯하다.

이 계획은 미국 플로리다에 있는 NASA 케네디 우주 센터 등을 본보기로 삼고 있다. 케네디 우주 센터의 비지터 콤플렉스^Visitor Complex는 스페이스 셔틀 출발지에서 떨어져 있어서 출발지까지 버스로 이동한다. 사고로 생을 마감한 우주 비행사의 기념비가 있고, 박물관과 아이맥스^IMAX 극장도 완비되어서 그 자체가 하나의 유원지다. 아쉽게도 나는 아직 방문한 적이 없지만, 연간 150만 명의 관광객이 찾아서 성공 사례로 꼽힌다.

후쿠시마 제1 원전 사고가 일어난 지 1년 반. 사고 지역을 어떻게 이용할지를 고민하는 것이 아직 이를지도 모르겠다. 그러나 그 터에 무엇이 들어설지는 앞으로 일본이 나아가는 방향을 갈음하는 시금석이 될 것이다.

모국어만으로

검색하기를 그만둘 때

관광지화 계획을 추진하면서 여러 검색어와 만나게 되었다. 그 과정에서도 검색의 한계에 직면했다.

수마트라-안다만 지진은 당신도 기억할 것이다. 2004년 12월, 수마트라-안다만을 진원지로 규모 9.1의 대지진이 일어났다. 푸켓, 스리랑카, 남인도 등 인도양 전체가 피해를 입었고, 그중에서도 수마트라 섬 북단에 위치해 진원지에서 가까웠던 인도네시아 아체 주는 막대한 피해를 보았다.

그 비극을 잊지 않기 위해 주도州都 반다아체Banda Aceh에 '아체 쓰나미 박물관'이라는 거대한 시설을 지었다. 박물관은 일본인이 관여해 한신·아와지 대지진의 경험을 참조했다고 한다. '재해의 기억을 어떻게 남기고, 어떻게 전할 것인가'라는 아카이브 방법이 바다를 건너간 것이다. 아체 박물관 관장은 지진 후에 일본을 방문하기도 했다.

그러나 이러한 일이 있었다는 것을 아는 이가 얼마나 될까? 동일본 대지진 때는 쓰나미tsunami, 바다 밑에서 일어나는 지진이나 화산 폭발 등 급격한 지각 변동으로 인해 수면에 웨이브가 생기는 현상 피해가 컸다. 그 기억을 어떻게 후대에 전할지를 고민할 때 아체 쓰나미 박물관이 참고가 되었다. 박물관에는 일본인도 관여하고 있다. 그런데도 대부분의 일본인은 박물관의 존재를 모르고 있다. 후쿠시마와 체르노빌, 도호쿠와 수마트라, 서로가 같은 문제를 안고 있고 배울 수 있는 것이 많은데도 정작 일본인은 모르고 있다.

이런 사례를 접하다보면 검색에서 중요한 것은 모국어만으로 검색하기를 그만두는 것임을 깨닫는다. 반다아체의 쓰나미 박물관은 일본어로 검색해봐야 거의 정보를 찾을 수 없다. 그런데 'Aceh Tsunami Museum'으로 검색하면 순식간에 풍경이 바뀐다. 여기에서 문제가 되는 것은 영어라기보다는 글자다. 즉 알파벳으로 검색하는 것이 중요하다.

예를 들면 '후쿠시마'를 'Fukushima'로 검색하면 후쿠시마 현청의 영문 공식 홈페이지가 나온다. 놀랍게도 지진 후 1년 반이 지난 지금도 초기 화면에 방사능 정보가 거의 나오지 않는다. 측정치 페이지로 가는 링크가 조그맣게 달려 있을 뿐이다(2014년 여름에는 영어 페이지가 따로 없었고, 구글 자동 번역을 이용하고 있었다). 물론 일본어 사이트는 그렇지 않다. 초기 화면에는 바로 '지진' '재건' '방사능'이라는 말이 나와 있다. 이미지도 많고 콘텐츠도 풍부하다. 제일 위에는 "국내외 여러분께서 보내주신 따뜻한 지원에 감사드립니다"라는 인사말도 있다. 그런데 영어로는 그런 중요한 정보가 전혀 나와 있지 않다.

이는 심각한 문제다. 외국인의 입장이 되어보라. 구글에 'Fukushima'를 검색하면 'radiation^{방사능}' 'nuclear disaster^{원자력 재해}' 등의 단어가 연관 검색어로 뜬다. 알파벳 'Fukushima'는 이런 단어와 함께 전 세계에서 검색된다. 이것이 엄연한 현실이다. 소문으로 인한 피해라는 말로 두루뭉술 넘어갈 일이 아니다. 일본인은 이러한 현실을 받아들이고 세계를 향해 정보를 알려야 한다. 가타카나•로 표기하는 '후쿠시마'가 차별이네 아니네 하는 논쟁을 할 때가 아니다. 이런 사실을 알기 위해서도 때때로 일본어가 아닌 다른 언어로 검색할 필요가 있다.

후쿠시마를 논할 때 도쿄와의 격차도 종종 거론된다. 아체 주 또한 인도네시아의 중심은 아니다.

• 일본어는 한자, 히라가나, 가타카나 세 가지 문자를 섞어서 표기한다. 이중 가타카나는 주로 외래어를 표기하는 문자로 쓰이고 있다. 또한 이화 효과를 노려 외래어가 아닌 단어를 가타카나로 표기하는 경우도 있다. - 옮긴이

아체 주는 일본으로 말하자면 사쓰마薩摩**와 같은 곳으로 인도네시아가 통일된 근대 국가의 모습을 갖출 때 중요한 역할을 했던 지역이다. 그런데 인도네시아는 자와 섬, 즉 자카르타가 중심이 되고 말았다. 즉 아체는 자신들이 인도네시아 독립의 중심이었는데 어느새 중심의 자리를 빼앗기고 말았다는 굴절된 감정을 갖고 있다. 그로 인해 아체 주는 늘 자와와 대립해왔다. 그러나 수마트라-안다만 지진이 그 대립을 완화하는 계기가 되었다. 관광의 힘으로 재건도 이루어지고 있다. 도호쿠 재건에 참고할 만하다. 아직 방문하지 못했지만 가까운 시일 내에 다녀오고 싶은 곳이다.

•• 규슈 지방 남단에 위치한 곳으로 메이지 유신의 주역이 된 지역이다. - 옮긴이

일할 때 필요한 것은
적절한 검색 능력

2012년 12월, 소쿠로프 감독의 〈솔제니친과의 대화〉라는 다큐멘터리 영화 상영회 및 '관객과의 대화'에 게스트로 초대받은 적이 있다. 아마도 내가 비평문 「솔제니친 시론」으로 등단하는 등 소련의 반체제 작가를 주제로 글을 썼고, 대학에서 러시아어를 공부한 이력 때문인 듯하다. 그런 일을 계기로 러시아 연극 연구자 우에다 요코上田洋子 씨와 연을 맺게 되었다. '관객과의 대화'를 마치고 요코 씨에게 체르노빌에 취재를 가고 싶다고 했더니 본인이 리서치와 통역을 맡아주겠다고 했다. 그리고 곧바로 회의에 참석해주었다.

　　　그로부터 놀라운 일이 계속되었다. 그때까지 우리 스태프도 여러 각도에서 체르노빌을 깊이 있게 조사해왔다. 그러나 일본어와 영어만으로는 '체르노빌 관광객 수 추이' 등과 같은 기초 정보조차 손에 넣을 수 없었다. 그런데 회의에서 우에다 씨에게 물어보니 눈앞에서 바로 검색을 해서 "러시아어 위키피디아에 올라와 있네요"라는 것이다. 위키피디아에 있었다니…….. 우리만 모르고 있었다. 모든 것이 그런 식이었다. 약 1시간 남짓 회의에서 그동안 2개월에 걸쳐 스태프가 모았던 것보다 몇 배에 달하는 정보를 손에 넣었다. 애당초 검색은 정보를 찾는 쪽이 적절한 검색어를 입력하지 않으면 기능하지 않는다. 여기에 한계가 있다. 우에다 씨와의 만남은 이를 새삼 깨닫게 된 계기가 되었다.

자동 번역을 쓰면 된다고 생각할지 모르겠다. 분명 현재 자동 번역은 상당한 정확성을 자랑한다. 따라서 적절한 러시아어 페이지에 도달하면 구글 번역을 사용해서 읽을 수 있다. 그러나 문제는 애초에 그 페이지에 도달하는 길을 모른다는 데 있다. 도달하기 위해서는 가타카나 'チェルノブイリ'도, 알파벳 'Chernobyl'도 아닌 키릴 문자 'Чернобыль'을 검색창에 입력해야 한다.

자동 번역에 의존해서 검색하기란 힘든 일이다. 체르노빌은 그나마 고유명사라 가능하다. 그러나 애초에 어떤 검색어를 선택하는가, 라는 미묘한 차이가 중요하다. 일본어의 경우에도 뉘앙스가 약간 다를 뿐인데도 어떤 단어는 결과에 나타나지만, 같은 단어이더라도 뜨지 않는 경우가 있다. 설령 검색어 변환이 성공하더라도 그다음 결과를 일람하며 어느 페이지를 고를 것인가, 라는 문제에 직면한다. 오늘날 언어의 벽은 수동적인 '읽기' 측면에서는 낮아지고 있다. 그러나 능동적인 '찾기'의 장벽은 여전히 높다.

그때 함께 깨달은 것은 필요한 정보가 지금은 상당히 인터넷에 개방되어 있다는 사실이다. 체르노빌 취재에 관해 '이런 코스로 갈 수 있는가' '이 인물을 자세히 알고 싶다' 등과 같은 질문에 대한 답이 인터넷에 널려 있다. 우크라이나 사람도 페이스북을 하고 있기 때문에 따로 코디네이터를 섭외하지 않아도 직접 연락할 수 있다. 이러한 특수한 취재 여행의 경우, 예전에는 전문 지식과 경험을 가진 사람의 중개가 필요했다. 그러나 지금은 적절한 검색이 중요하다. 우에다 씨는 원자력 전문가도, 우크라이나 전문가도 아니다. 그래도 검색할 수 있으면 그걸로 족하다.

달리 말해 지금은 특수한 경험이나 지식보다 고객의 필요에 맞춰 얼마나 적절히 검색할 수 있는가, 이 능력이 비즈니스에서 중요해지고 있다. 따라서 쉼 없이 새로운 검색어를 입수할 필요가 있다.

경박하고 무책임한
'관광객으로서의 삶'

이 책의 주제는 인터넷 검색과 '여행'이다. 그것도 관광 여행
이다. 관광이라는 말은 평판이 좋지 않다. 후쿠시마 제1 원전
관광지화 계획도 자주 오해를 받는다.

　　　그러나 관광이 그렇게 나쁜 것일까? 관광이 경박한 것
은 사실이다. 관광지를 거쳐 갈 뿐이다. 그러나 이처럼 '경박'
하기에 가능한 것이 있다. 사회학자 딘 맥캐널Dean MacCannell은
『관광객The Tourist』이란 책에서 관광은 여러 계급으로 분화된
근대 사회를 통합하는 의미를 갖는다고 말했다. 사람은 관광
객이 되면 평소에는 결코 갈 일이 없는 곳에 가고, 평소에는
결코 만날 일이 없는 사람을 만난다. 예를 들어 파리에 가면
"모처럼 왔는데" 하며 루브르 미술관에 간다. 평소 미술관 근
처에도 가보지 않은 사람이라도 그리한다. 그리고 그것이 맞
다. 미술 애호가만 미술관에 가야 한다는 생각은 답이 없다.

관광객은 무책임하다. 그러나 무책임하기 때문에 할 수 있는 것이 있다. 무책임하지 않으면 확산되지 않는 정보가 있다. '들어가며'에서 다룬 약한 유대관계를 떠올려보자. 무책임한 사람의 무책임한 발언이 우리의 미래를 열지도 모른다.

　　나는 원전 사고의 기억을 후대에 전하기 위해서라도 이러한 '경박함'과 '무책임함'이 필요하다고 생각한다. 후쿠시마의 문제는 심각하다. 그래서 문제 해결을 위해 진지하게 실천하자고 하면 모두 겁먹고 만다. 재해 지역에도 가지 않게 된다. 모두 잊고 만다. 그보다는 설령 '경박'하고 '무책임'하더라도 관광객에게 사고가 일어난 곳을 보게 하고, 조금이라도 사고에 대해 생각할 기회를 주는 게 낫지 않을까? 내 생각은 이렇다.

　　일본인은 '마을 사람'•을 좋아한다. 한 곳에 머물러 쉼없이 노력하는 사람을 매우 좋아한다. 그러나 나는 '나그네'이고 싶다. 아니, 그보다 '관광객'이고 싶다.

　　계속 나그네로 살아가는 것은 힘든 일이다. 각오가 필요하다. 배낭여행자가 되어 인도를 방랑하는 것은 젊지 않으면 어렵다. 달리 말해 이는 지속 가능한 삶의 방식이 아니다.

• '村人'을 '마을 사람'으로 번역했다. 여기에서 '마을 사람'이란 시골 마을에 계속 사는 사람처럼 특정 공동체에 소속되어 고정된 삶을 사는 사람을 뜻한다. - 옮긴이

따라서 나는 나그네와 마을 사람 사이를 오가는 것이 가장 자연스럽다고 본다. 관광이란 바로 이 '왕복'을 의미하는 말이다.

세상에는 두 가지 인생론이 있다. 한 곳에 머물러 지금 있는 인간관계를 소중히 여겨 공동체에서 성공하라는 유형과 한 곳에 머무르지 말고 적극적으로 환경을 바꾸어가며 넓은 세계를 경험하고 성공하라는 유형. 마을 사람 유형과 나그네 유형이다. 그러나 둘 모두 좁은 삶의 방식이기는 마찬가지다.

따라서 제3의 관광객 유형이라는 삶의 방식을 권유한다. 마을 사람임을 잊지 말고 자신의 세계를 넓혀가는 노이즈로 여행을 이용하기. 여행에 과도한 기대를 갖지 말고^(자기 찾기는 하지 말라!) 자신의 검색어를 넓히는 경험으로 삼아 쿨하게 대하는 것. 25년 후의 관광객이 후쿠시마를 들러 그때까지 한 번도 검색하지 않았던 '원자력'이나 '방사능'을 검색한다면 후쿠시마 제1 원전 관광지화 계획은 성공이다.

검색이란 일종의 여행이다. 검색 결과를 바라보는 우리의 시선은 관광객의 시선과 닮아 있지 않은가?

3

실물을 접한다

아우슈비츠

며칠이면 세계를
모험할 수 있는 시대

최근에 『5일 휴가면 갈 수 있다! 절경·비경 여행하기5日間の休み
で行けちゃう！絶景·秘境への旅』(A-Works)라는 책을 만났다. 제목처럼 비
경에 쉽게 갈 수 있는 방법을 소개한, 제법 흥미진진한 여행
가이드북이다. 나도 예전부터 가고 싶었던 예멘의 소코트라
섬도 소개되어 있다.

　　소코트라 섬으로 가는 교통은 대단히 나쁠 것이다. 그
곳에 어떻게 5일 만에 왕복이 가능할까, 라는 생각으로 읽어보
니 역시 8일이 걸린다고 쓰여 있다. 자세히 보니 책 마지막에
6일 이상 휴일이 있어야 가는 곳도 포함되어서 과대광고라는
느낌을 받기도 했다. 하여튼 소코트라 섬은 독특한 생태계로
알려져 있고, 높이 10미터 이상의 버섯 모양 나무가 여기저기
있는 것으로 유명하다. 꼭 한번 이미지 검색을 해보길 바란다.

　　이 책의 프로듀서는 다카하시 아유무高橋步 씨다. 다카

하시 씨는 예전에 스스로를 '자유인'이라 칭하며 전 세계를 여행하고 오키나와에 젊은이들의 공동체commune까지 만든, 자기 찾기의 카리스마적 존재다. 하야미즈 겐로 씨의 『멈추지 않는 자기 찾기』에서도 자세히 다루고 있다. 『5일 휴가』를 낸 출판사는 다카하시 씨의 회사로, 이 외에도 부유층을 위한 호화로운 여행을 소개하는 『원더풀 월드Wonderful World』라는 책도 냈다. 둘 다 추천할 만한데, 어쨌든 자기 찾기의 카리스마가 어느새 해외 리조트를 소개하는 책을 만들고 있는 셈이다.

다카하시 씨는 『5일 휴일』의 서문에서 "세계를 잇는 이동 수단이 양과 질에서 계속 발달하고 있는 현재, 이처럼 대단한 곳에 5일간의 휴일과 저렴한 여비로 진짜로 갈 수 있게 된 시대에 우리는 살고 있다"라고 적고 있다. 이 인식은 중요하다. '구글 스트리트 뷰가 있으니까 무리해서 해외여행을 갈 필요가 없다'는 '생각이 일본을 지배하고 있다. 그러나 실제로 항공권 가격은 빠르게 저렴해지고 있고, 신흥국의 관광지화도 급속도로 진행되고 있다. 이제 며칠의 휴일만 있으면 말레이시아의 동굴도 나미비아의 사막도 쉽게 갈 수 있다. 획기적인 시대가 도래한 것이다.

어딘가에

'간다'는 경험

여행이라고 하면 과거에는 고난을 헤치고 비경에 당도하는 과정에 스스로를 되돌아보는, 배낭여행 스타일이 하나의 규범으로 자리 잡았었다. 그러나 이제 자기 찾기의 카리스마가 관광지를 소개하는 여행서를 세상에 내놓는 시대로 바뀌었다. 다카하시 씨의 이러한 변화는 시대가 여행에 기대하는 것이 바뀌었음을 보여주는 게 아닐까?

가족과 함께 비경에 갈 수 있다면 그런 곳은 비경이 아니라는 사람도 있다. 그러나 히치하이크로 이동하고 유스호스텔에 묵는 여행은 그 자체가 젊고 건강한 독신 남성을 기준으로 한 여행 스타일이다. 자기 찾기 여행은 힘이 넘치는 사람이나 가능하다. 관광지는 본 모습의 장점을 없앨지도 모르지만 아이, 노령자, 장애인 등 관광지가 아니면 갈 수 없는 사람이 많다. 그런 의미에서 관광지화가 가져오는 좋은 면이 있다.

관광은 표면만 접하는 것이므로 관광으로 가는 것은 가지 않는 것만 못하다는 사람도 있다. 그러나 그렇지 않다. 표면만 접하더라도 어딘가에 '간다'는 것은 그것만으로도 결정적인 경험이 될 수 있다. 나는 이를 학생 때 아우슈비츠에 가서 느꼈다.

아우슈비츠의
표면을 접한 강렬함

아우슈비츠(오시피엔팀)가 있는 폴란드를 방문한 것은 1990년대 중반이었다. 당시는 아직 냉전으로 인해 동서 분단의 흔적이 진하게 남아 있었던 시절이었다. 가장 놀란 것은 폴란드에서 영어가 전혀 통하지 않았다는 것이다. 대화가 통하지 않는 정도가 아니라 원, 투, 쓰리조차 통하지 않았다. 민박하는 아줌마와 서툰 러시아어로 고생고생하며 의사소통을 했던 기억이 아직도 생생하다.

　　20년 가까이 되는 옛날 일로 지금은 상당히 바뀌었을 테니 이를 전제로 얘기하자면 이른바 아우슈비츠에는 제1 수용소와 제2 수용소가 있다. 제2 수용소는 '비르케나우Auschwitz Birkenau'라 불린다.

• 독일 나치 강제 수용소 및 집단 학살 수용소. 독일 제3 제국 최대 규모의 강제 수용소였던 곳이다. 수용소의 요새화된 벽, 철조망, 발사대, 막사, 교수대, 가스실, 소각장 등이 이곳에서 벌어졌던 대량 학살의 비극을 생생하게 보여준다. 대다수가 유대인이었던 150만 명의 수용자가 굶주림과 고문을 당한 뒤 살해되었다. - 편집자

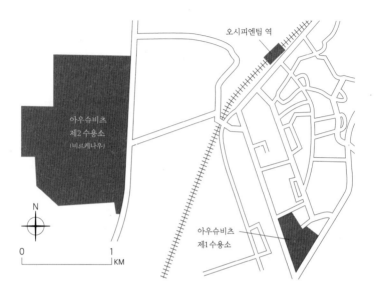

오시피엔팀 역

아우슈비츠
제2 수용소
(비르케나우)

N

0   1
                    KM

아우슈비츠
제1 수용소

제1 수용소 입구에는 스티븐 스필버그의 영화 〈쉰들러 리스트〉에도 등장하는 'ARBEITMACHT FREI노동이 너희를 자유롭게 하리라'라는 유명한 간판이 걸려 있다. 부지 안에는 벽돌로 만든 수용동이 늘어서 있는데, 당시에는 수용자의 출신 국가 별로 전시동이 구분되어 있었다(지금은 어떻게 되어 있는지 모르겠다). 독일동, 프랑스동, 노르웨이동, 폴란드동 등이 있어서 각 나라가 나치의 횡포에 어떻게 저항했는지를 알려주는 애국주의적인 전시였다. 이 '국가관 전시'를 보고 깜짝 놀랐다. 관광버스가 연달아 도착해 각 출신자 국적의 전시동으로 향하는 모습에서 테마파크의 분위기도 느껴졌다.

그러나 제2 수용소인 비르케나우의 분위기는 전혀 달랐다. 제1 수용소에서 제2 수용소까지는 조금 거리가 있어서 당시에는 택시를 타고 가야 했다. 그래도 충분히 가치가 있었다. 비르케나우는 제1 수용소보다 훨씬 넓고, '멸종 수용소'라 불리는 전혀 다른 수용소이다. 정치범을 수용하거나 강제 노동을 목적으로 한 곳이 아니라 거대한 가스실과 이곳으로 향하는 철도의 철로가 중심이 된, 오로지 유대인을 효율적으로 죽이기 위해 설계된 곳이다. 내가 방문한 시점에는 아직 관광객을 위한 정비가 진행되지 않아서 허허벌판이나 다름없었다. 입구에서도 독일어와 폴란드어로 쓰인 갱지 안내도를 한 장 건네줄 뿐이었다. 그 안내도를 보면서 1평방킬로미터가량의 부지를 걸어 다녔다.

막대한 수의 사람들이 이곳에서 살해당했다. 내가 갔을 때는 소각로 주변을 조금만 파도 사람 뼈가 드러났다. 정말이다. 해가 저물어 어두워질 무렵 숲 속을 거닐고 있자니 작은 독일어 간판이 있었다. '여기에서 나치스는 유대인 지방脂肪으로 비누를 만들었다'라는 뜻이 아닐까라고 겨우 독해하고 건너편을 보니 커다란 둥근 수조가 있다. 그 분위기는 말로 표현하기 힘들다. 발가벗은 '죽음'이 여기저기 뒹굴고 있었다고나 할까. 기이하기 그지없었다. 나는 오컬트를 믿지 않지만, 지박령polntergeist, 떠도는 혼귀이라는 말을 쓰고 싶어졌다. 평생 잊기 힘든 경험이었고, 그 후의 삶에도 큰 영향을 끼쳤다.

그러나 거기에서의 체험이 '표면을 접한' 것 이상의 특별한 경험이었느냐면 결코 그렇지 않다. 나는 『지구를 걷는 법』을 한 손에 들고 크라쿠프에서 출발한 버스로 아우슈비츠를 방문한 평범한 관광객이었을 뿐이다. 특별한 가이드를 고용하지도 현지 주민과 교류하지도 않았다. 몇 시간 동안 아우슈비츠에 머물며 말 그대로 '표면을 접했을' 뿐이다. 그럼에도 불구하고 아우슈비츠에 관한 책을 몇십 권 읽은 것보다 강렬한 경험이었다.

말로 할 수 없는 것을
말로 하기 위한 체험

아우슈비츠를 방문했을 때 나는 도쿄대학 고마바 캠퍼스에 있는 대학원에서 표상문화론을 공부하고 있었다. 표상문화론이란 쉽게 말해 회화, 영화, 문학, 건축 등을 '기호의 구조'에 초점을 맞추어 분석하는 학문이다.

표상문화론은 자주 '표상 불가능성'이라는 문제를 거론한다. 재해와 전쟁 등 너무 심각하고 복잡해서 단순히 기록으로 남기거나 이야기로 만드는 것으로는 그 본질을 전할 수 없는 사태를 표현하는 용어다. 전후 유럽의 사상가들이 제2차 세계대전을 반성하는 과정에서 이 개념을 만들었다. 나치 독일의 유대인 대학살(홀로코스트)이 대표적이다. 홀로코스트는 '표상 가능'한가(=말로 할 수 있는가)? 이는 전후 유럽 철학의 큰 주제였다.

동일본 대지진이 발생하고, 내가 원전 사고에 깊이 관심을 갖게 된 것은 전공의 영향도 크다. 홀로코스트와 원전 사고는 어마어마한 비극이라는 점에서는 같지만, 둘 사이에는 큰 차이가 있다. 홀로코스트는 가해와 피해 관계가 명확한 반면 체르노빌과 후쿠시마 사고는 방사능이 인체에 어떤 영향을 미치는지 그 인과관계를 증명하는 게 쉽지 않다. 결국 통계를 해석하는 것에 지나지 않다. 실제로 사고로부터 사반세기가 지난 지금도 체르노빌의 사망자 수를 놓고 여러 가지 설이 있다. 후쿠시마에 대해서도 앞으로 오랫동안 혼란이 계속될 것이다.

그러나 인과관계가 어찌됐든 원전 사고로 상처받은 사람, 생활의 터전을 빼앗긴 사람들이 많다는 것은 사실이다. 이러한 '과학적으로 언어화할 수 없는' 고통을 말로 옮기는 것도 철학의 역할이다. 예전에 유럽 지식인들이 아우슈비츠라는 표상 불가능한 체험, 즉 '말로 할 수 없는 체험'을 말로 하기 위해 힘썼던 것처럼, 나도 우연이지만 후쿠시마 제1 원전 사고라는 큰 사건을 겪은 만큼 유사한 책무를 떠안고 있다.

말로 할 수 없는 것을 말하기. 이를 위해 중요한 것은 우선 말로 할 수 없는 것을 체험하는 것, 즉 '현지에 가는 것'이다. 그리고 가급적 많은 사람들이 가게 하려면 '관광지화'

는 반드시 필요하다.

　　내가 아우슈비츠에 갈 수 있었던 것은 그곳이 관광지가 되어 크라쿠프에서 정기적으로 버스가 다니기 때문에 가능했다. 이것이 중요하다. 이것을 거론하지 않은 채 아우슈비츠의 경험을 논하는 것은 무의미하다. 그 비극의 장소가 관광지가 되면서 아우슈비츠의 '정말 소중한 것'은 사라질 수 있지만, 그래도 관광지가 되는 게 낫다고 본다. 아무리 조야한 관광지가 되더라도 비극의 편린은 남기 마련이고, 그 편린만으로도 사람의 인생은 충분히 바뀐다. 그런 마음이 후쿠시마 제1 원전을 '관광지화'하자는 제안으로 이어졌다.

기호가 되지 않는 것이
세계에 존재한다는 사실

인터넷은 기호로 구성된 세계다. 글자만의 얘기가 아니다. 음
성과 영상도 마찬가지로, 결국 인터넷은 인간이 만든 기호만
으로 구성되어 있다. 인터넷에는 누군가가 올려야겠다고 마
음 먹은 것만 있다. '표상 불가능한 것'은 거기에 없다.

　　그렇다고 해서 인터넷은 무의미하다, 정말 중요한 것
은 말로 할 수 없다는 얘기가 아니다. 이런저런 불만이 있지
만 우리는 인터넷과 언어에 의존하면서 살아갈 수밖에 없다.
중요한 것은 말을 버리는 것이 아니라 말로 할 수 없는 것을
말하기 위해 노력하는 것이다. 평소와는 다른 검색어로 검색
하는 것이다.

　　그럼에도 말로 할 수 없는 것을 말하기 위해 분투할 때
그 말은 원래 의도와 조금 다른 방법으로 전달된다. 철학적
표현을 쓰자면 '배달 오류'•가 일어난다. 우리는 이 배달 오류

• 誤配. ─ 옮긴이

를 통해 말로 할 수 없는 것이 무엇인지 알 수 없더라도, 말로 할 수 없는 것이 이 세계에 존재한다는 사실 만큼은 알게 된다. 한마디로 기호를 다루더라도 기호가 되지 않는 무엇이 세계에 있다는 사실에 대한 외경을 잊어서는 안 된다.

예를 들어 지금 일본에서는 재특회(재일특권을 용납하지 않는 시민 모임)의 증오 발언이 화제다. 그들은 아무렇지 않게 "한국인을 죽여라" 등의 발언을 한다. 야스다 고이치安田浩一 씨가 『거리로 나온 넷 우익ネットと愛國』(講談社)••에서 지적한 것처럼 재특회는 인터넷으로 급속히 세력을 키운 정치 단체다. "죽여라"라는 말이 이렇게 가볍게 쓰이는 상황은 인터넷이 기호의 세계라는 사실과 관계 있다. 그들은 정말로 기호가 아닌 진짜 인간을 향해 "너는 죽어야 해"라고 말할 수 있을까?

검색어를 찾는 여행이란 말로 할 수 없는 것을 말하고, 검색 결과를 풍요롭게 하는 여행을 의미한다. 이를 위해서는 배낭여행이 아닌 관광으로 충분하다. 아니 오히려 전 세계가 관광지가 되어 가는 바로 지금, 여기저기에 있는 '비경'으로 향해야 한다.

•• 2013년에 후마니타스에서 한국어판을 간행했다. - 편집자

4

욕망을 만든다

체르노빌

처음 알게 된
체르노빌의 일상

2013년 4월에 일주일 동안 쓰다 다이스케津田大介 씨, 가이누마 히로시開沼博 씨와 함께 체르노빌에 취재를 다녀왔다.

지금까지 몇 차례 말했듯이, 나는 지금 후쿠시마 제1 원전 관광지화라는 큰 프로젝트를 진행하고 있다. 이 과정에서 원전 사고의 '선배'격인 체르노빌의 현황을 파악하기 위해 우크라이나를 방문했다. 원전 주변 견학 투어에 참가해서 '관광 사진'을 찍고, 정부 관계자와 여행사 관계자를 인터뷰했다. 그 성과는 『체르노빌 다크 투어리즘 가이드』라는 책으로 정리했다.•

취재 과정에서 놀라운 일, 새로운 발견이 많이 있었다. 그중에서도 체르노빌 시가 지금도 많은 사람들이 '일상'을 사는 장소라는 사실에 놀랐다. 체르노빌 시 중심부는 원전에서 15킬로미터 정도 떨어져 있다. 원전에서 약 30킬로미터에 위

• 2013년 6월 간행. 한국에서는 2015년 3월 11일 출판사 마티에서 같은 제목으로
출간되었다. - 편집자

치한 지역은 지금도 '존zone'이라 불리는 출입금지 구역으로 지정되어서 허가 없이 들어갈 수 없고 거주하는 것도 금지되어 있다. 체르노빌 시도 이 '존'에 포함된다.

그렇다고 해서 완전히 무인지대가 펼쳐져 있는 것은 아니다. 체르노빌 시에 주민은 없지만 관청이 있고 연구소가 있고 식당과 버스터미널도 있다. 자동차도 오간다. 왜냐? 사고 처리를 위해서도, 오염 제거 작업을 위해서도 노동자가 필요하고, 그들의 생활을 보장하기 위한 인프라가 필요하기 때문으로, 이는 당연한 일이다.

체르노빌 원전은 전기를 생산하지 않지만 여전히 송전소로 쓰이고 있다. 원전에는 약 3천 명의 노동자가 일하고 있다. 원전 안에 노동자가 많다는 것이다. '체르노빌'이라는 기호 속에서만 생각하면 이런 현실이 눈에 들어오지 않는다.

짧은 체류 기간이었지만 우리는 체르노빌에서 어떤 사람들이 일하고 있는지, 어떤 식사를 하고 있는지, 어떤 물건을 사고 있는지 눈으로 볼 수 있었다. '체르노빌의 노동자'라는 말을 들으면 방호복으로 완전 무장한 사람들이 비장한 표정으로 힘든 노동을 견뎌내는 모습을 상상하게 된다. 이는

'후쿠시마 제1 원전 노동자'의 이미지이기도 하다. 그러나 실제로는 그렇지 않다. 체르노빌 원전은 상당히 밝은 분위기였다. 현실과 동떨어진 상상을 하지 않기 위한 제일 빠른 방법은 실제 모습을 눈으로 확인하는 것이다. 후쿠시마 제1 원전 사고의 이미지에 매몰된 일본인이라면 체르노빌에 가볼 필요가 있다.

체르노빌 출입 금지 구역의 공간 방사선량은 도쿄와 별반 다르지 않을 정도로 낮다. 입장에 따라 숫자를 해석하는 방법은 다르겠지만 분명한 사실이다.

정보의 제시가 아니라
감정의 조율이 필요하다

우크라이나 사람들은 방사능이나 원자력에 대해 여러 의견
을 갖고 있었다. 하지만 이것만큼은 같은 의견이었는데, 체르
노빌 원전 사고의 기억은 점점 잊히고 있고, 이를 막을 수 있
다면 그 계기가 게임이든 영화든 상관없다는 것이다. 물론 관
광객의 방문도 찬성한다는 것이다.

　　체르노빌 원전 사고는 세계사에 남는 사고다. 그조차
25년이 지나니 서서히 잊힌다. 키예프 시내에 있는 체르노빌
박물관의 수석큐레이터 안나 콜로레브스카 씨가 이런 이야
기를 해주었다. 체르노빌 박물관은 방문객이 감소하고 있었
다. 그래서 종합적인 재해 박물관으로 리뉴얼할 구상을 하고
있었다. 그런데 후쿠시마 사고가 일어나면서 계획이 없던 걸
로 되었다.

　　지금 일본에서 후쿠시마 사고의 기억이 풍화된다는

것은 상상하기 어렵다. 풍화의 위험을 호소해도 후쿠시마를 잊을 리가 없다는 생각에 빠져 있다. 아직 그 상처가 아물지 않았으니 가급적 건드리지 말라는 의견도 있다. 그러나 후쿠시마의 기억도 언젠가는 풍화할 것이다. 25년이 지나도 폐로 작업조차 이루어지지 않을지도 모른다. 그래도 기억만은 풍화해 간다. 체르노빌은 그런 상황에 놓여 있었다. 후쿠시마도 언젠가는 망각에 어떻게 대항할 것인가라는 문제에 직면할 것이다. 그래서 관광지화 계획을 제창하는 것이고, 체르노빌의 사례는 여러모로 참고할 만하다. 예를 들어 체르노빌 박물관에서는 여러 자료와 정보가 디자이너의 주도하에 문학적·예술적으로 마치 예술 작업처럼 전시되어 있다[사진 1]. 일본에서 흔히 볼 수 있는 객관적·과학적 자료를 최대한 중립적인 관점으로 전시하는 방식과는 달랐다. 일본인의 감각으로는 역사박물관이라기보다는 미술 전시를 보는 기분일 것이다.

디자이너 아나토리 하이다마카 씨에게 이러한 전시 방법이 적절한지 물었다. 전시에는 오히려 주관적인 감정이 들어가야 한다고 그는 말했다. 히로시마의 평화 기념 자료관도 방문했다는 하이다마카 씨는 감정을 배제한 객관적인 전

[사진 1]　아무리 객관적인 정보를 나열해도 아무도 보지 않는다면 의미 없다.
정보를 제시하는 것뿐만 아니라 감정의 조율도 필요하다는 것이
체르노빌 박물관의 생각이다.

시만으로는 사건의 기억을 오롯이 전할 수 없다고 말했다.

그의 말은 많은 것을 생각하게 한다. 물론 일본과 우크라이나는 민족성이나 문화에 차이가 있다. 체르노빌 박물관의 방법론을 무작정 도입할 수도 없다. 그러나 일본에서 같은 박물관을 만든다면 새하얀 벽에 그래프, 지도 등이 진열되고 패널에 설명문이 있으며 컴퓨터 등을 통해 대량의 영상 데이터를 보는 방식일 것이다. …… 이런 광경이 떠오른다. 정말 그래도 되는 것일까? 방문객이 얼마나 올까? 체르노빌 박물관의 방법이 있다는 사실을 머릿속 어딘가에 기억해두는 것이 좋다.

이는 이 책의 주제와도 깊은 연관성을 지닌다.

욕망을 불러일으키는
'관광지화'

앞으로 사회는 기억 용량의 제한이 사실상 없어져 온갖 것
이 디지털화되고, 거의 무한에 가깝게 축적될 것이다. 공공기
관도 정보 공개가 진전되어 회의록뿐만 아니라 내부 자료 등
거의 모든 것이, 그 방대한 데이터가 공개될 것이다. 흥미만
있으면 누구나 온갖 정보에 접근할 수 있게 된다.

　　그러나 그렇게 되면 그 정보는 '누가 실제로 보는 정보
인가'가 문제가 된다. 인터넷의 정보는 신문이나 텔레비전과
달리 저절로 집까지 오지 않는다. 찾아가고 싶은 정보에 도달
하기 위해서는 우선 검색어를 입력해야 한다. 그 정보를 보고
싶다는 욕망이 필요하다. 아무리 데이터베이스를 공개해도
공개한 정보를 아무도 욕망하지 않는다면 의미 없다. 모든 정
보가 인터넷에 보존되는 이 시대에는 정보 공개의 유무가 아

니라 '검색 욕망'을 어떻게 환기할 것인가가 중요한 문제로 떠

오르게 된다.

예를 들어 현재 도쿄전력의 홈페이지에 접속하면 폐로 작업의 로드맵을 다운로드 받을 수 있다. 그러나 사이트에는 대량의 PDF가 나열되어서 어느 것이 찾으려는 파일인지 열심히 찾지 않으면 알 수 없다. 물론 전문가나 활동가는 파일을 찾아내 그 내용을 꼼꼼히 확인할 것이다. 그러나 이것이 진정한 의미의 '공개'일까? 일반 시민이 관심을 갖고 접속할 수 있어야 비로소 진정한 정보 공개가 아닐까? 앞으로 정보 공개는 단순히 정보에 접근할 수 있는 것만이 아니라 '접속하고 싶다는 마음을 갖게 하는 것'이 되어야 한다.

내가 후쿠시마 제1 원전 관광지화 계획에서 '관광'이라는 강한 용어를 고른 이유도 우선 관심을 가졌으면 해서다. 만약 '원전 사고의 기억을 남기는 프로젝트'라면 어떨까? 아무도 비판하지 않겠지만 대신 아무 관심도 얻지 못할 것이다. 이때문에 비난받을 각오를 하고 '관광'이라는 말을 쓰는 것이다.

'이동'에 '욕망'이
담겨 있다

정보를 향한 욕망은 신체와 깊은 관계를 맺는다. 이 책의 주제인 여행과도 이어진다.

정보는 공개될 뿐만 아니라 욕망의 대상이 되어야 한다. 어떻게 욕망을 불러일으킬 것인가? 이를 위해서는 신체를 '구속'하는 것이 제일 좋다.

신체를 구속한다면 화들짝 놀라겠지만 내가 말하고 싶은 것은 이렇다. 예를 들어 우리는 체르노빌에 갔다. 거기까지 가는 것은 힘든 일이다. 일본에서 우크라이나까지 가는 직행편은 없다. 겨우 키예프에 도착해도 체르노빌까지 두 시간가량 걸린다. 하지만 이동 시간은 결코 헛되지 않다. 왜냐하면 그 여정에서 사람은 이런저런 생각을 하기 때문이다.

여행의 본질은 다름 아닌 이 '이동 시간'에 있다. 만약 이번 체르노빌 투어를 가상현실로 체험한다면 어떻게 되었을까? 집에서 체르노빌을 둘러볼 수 있을 것이다. 지금 노동자는 어떤 생활을 하고 있는지, 사고의 상흔은 어떻게 남아 있는지 알 수 있을 것이다. 사실 지금도 체르노빌 원전 사진은 인터넷에 얼마든지 있다. 박물관 내부 사진도 있다. 구글 스트리트 뷰도 있다. 현지에 가봤자 사진과 똑같은 풍경이 있을 뿐이다. 가상현실로도 정보는 충분히 얻을 수 있다.

그래도 무언가가 다르다. 다른 것은 정보가 아니라 시간이다. 가상현실로 취재한다면 '이 정도면 됐어' 하고 브라우저를 닫으면 곧바로 일상으로 돌아올 수 있다. 즉, 그 순간 생각을 멈추게 된다.

그러나 현실에서는 쉽게 키예프에서 일본으로 되돌아올 수 없다. 이동 시간 동안 여러 생각을 하게 된다. 그 빈 시간 동안 체르노빌의 정보가 가슴에 스며들어 새로운 말로 검색해야겠다는 욕망이 싹튼다. 가상현실에서 정보를 수집해 곧바로 일상으로 되돌아온다면 새로운 욕망이 생길 겨를이 없다.

신체를 일정 시간 동안 비일상 속에 '구속'하는 것, 그리고 새로운 욕망이 싹트는 것을 천천히 기다리는 것. 여행의 목적은 바로 여기에 있다. 목적지에 있는 '정보'는 그것이 무엇이든 상관없다.

'투어리즘'(관광)의 어원은 종교의 성지 순례(투어)다. 순례자는 목적지에 무엇이 있는지 사전에 다 알고 있다. 그러나 시간을 들여 목적지를 오가는 여정에서 차분히 생각을 정리하고 사유를 심화할 수 있다. '관광=순례'는 그 시간을 확보하기 위한 것이다. 여행지에서 새로운 정보를 만날 필요는 없다. 만나야 할 대상은 새로운 욕망이니까.

이제 정보 자체는 희소재가 아니다. 사진이나 기록 영상으로 전 세계 대부분의 장소를 알 수 있다. 그런데도 우리는 여행을 한다. 그 '알고 있는 정보'에 감정의 태그tag를 붙이기 위해서다. '이제 해외여행은 필요 없어, 구글 스트리트 뷰로 사진만 봐도 충분해'라고 말하는 사람은 이를 놓치고 있다.

정보는 얼마든지 복제할 수 있지만 시간을 복제할 수 없다. 욕망도 복제할 수 없다. 정보를 무한히 축적할 수 있고, 세계 어디에서든 접속할 수 있는 지금, 복제 불가능한 것은 여행밖에 없다.

5

연민을 느낀다

한국

'개인'과 '국민'이
괴리된 채 공존한다

내가 처음으로 간 외국은(기억에 없는 유아기를 제외하면) 1991년에 친구
와 둘이 간 한국이다. 한국을 선택한 것은 거리가 가깝고 비
용이 저렴한 것 외에도 제2차 세계대전의 유적에 관심이 있
었던 게 크다.

　　한국이 민주화된 것은 1987년이고, 다음 해인 1988년
에 서울올림픽이 열린다. 당시 한국은 한창 경제가 성장하
는 단계로, 지금처럼 부유하지 않았다. 거리는 일본과 닮았지
만 전체적으로 낡은 분위기였고, 여기저기에 반일反日을 상징
하는 기념비가 세워져 있었다. 이토 히로부미伊藤博文를 암살
한 안중근 기념관도 방문했다. 안중근은 일본에서 보면 테러
리스트지만 한국에서는 국민 영웅이다. 지금은 인터넷을 통
해 상식으로 자리 잡았지만, 1991년 당시에는 한국의 '반일
교육'이 일본에 전혀 알려지지 않았기 때문에 큰 충격을 받았

다. 무엇보다 도쿄에서 불과 2~3시간 거리에 전혀 다른 역사관을 가진 동세대가 살고 있고, 내가 그것을 전혀 몰랐다는 사실이 놀라울 따름이었다.

두 명의 학생이 다닌 여행이었기 때문에 여행하며 알게 된 사람도 많았다. 그중 몇몇과는 그 후에 편지를 주고받기도 했다. 그런 식으로 만나면 그냥 고등학생, 대학생인데 갑자기 징병제 얘기가 나오는 등 같은 면과 다른 면이 모자이크처럼 뒤섞여 있다는 사실에 강한 인상을 받았다. '개인으로서 서로를 이해하는 것'과 '국민으로서 서로를 이해할 수 없는 것'이 괴리된 채 공존하는 감각은 그 후 내가 하는 일에 결정적인 영향을 끼쳤다.

말보다 '사물'을
중시하고 싶다

이 장에서는 약간 철학적인 이야기를 하고자 한다. 익숙하지 않은 독자는 다음 장으로 넘어가도 좋다.

정보기술 혁명으로 정보 접근성은 극적으로 높아졌다. 그러나 검색 엔진에 입력할 언어를 얻기 위해서는 방에 처박혀 인터넷만 할 게 아니라 신체를 이동해야 한다. 이 역설이 이 책의 주제다.

이를 좀더 추상적으로 논하면 '말'과 '사물'의 관계가 된다. 프랑스의 철학자 미셸 푸코의 저서에 『말과 사물』이 있듯이 한마디로 인간의 현실은 말과 사물로 이루어져 있다.

사물의 세계가 더 중요하다는 사람이 있다. "사람이란 직접 여러 현실을 보고, 다른 사람을 만나 이야기를 나눠야 한다"는 사고방식이다. 이에 반해 말이 더 중요하다고 생각하는 사람도 있다. "인간의 현실은 모두 언어로 구성되어 있으니까 그 외부를 생각할 필요가 없다. 다른 사람과의 대화 또한 결국 말이다"라는 사고방식이다.

세상에는 사물지상주의자가 많을 것이나, 20세기 현대사상은 오히려 후자의 언어지상주의자가 중심이었다. 이는 결과적으로 인터넷 이용자와도 비슷한 세계관이다. 모든 것은 정보다, 모든 것은 말이다, 현실 따위 필요 없다. 이런 입장이다.

그러나 나는 말이 중요하다는 현대적인 사고방식을 전제하면서도 한 바퀴 더 돌아, 말의 세계가 원활하게 굴러가기 위해서는 사물이 필요하다는 입장이다. 왜 사물이 필요한가? 메타 게임을 멈추기 위해서이다.

언어의 '메타화' 기능이
갖는 골치 아픔

내 연구는 자크 데리다라는 20세기 프랑스 철학자로부터 출발한다. 데리다 철학의 키워드는 '해체'다. 해체란 모든 텍스트는 해석 방식에 따라 어떤 의미도 도출할 수 있다는 사고방식이다. 데리다에 따르면 언어는 도무지 믿음직스럽지 않다.

　　말을 사용하면 사람은 얼마든지 논의를 '메타화'할 수 있다. 예를 들어 여러분이 어떤 문제에 부딪혀서 어떤 대응이 '올바른'지 동료들과 논의하고 있다고 가정하자. 논의는 처음에 구체적이었지만 시간이 지나 지지부진해지면서 점점 추상화된다. 동시에 '어떤 대응이 올바른가'라는 애초의 문제를 논의하기 전에, 이 경우에서 '올바름'이란 무엇인지 생각해보자거나, 과연 우리가 옳고 그른 것을 결정할 수 있는지 생각해보자는 등 점점 논의는 엇나가기 쉽다. 논의가 '메타화'하여 미궁에 빠지게 된다.

인간은 높은 기호 처리 능력을 가지고 있다. 그래서 해석에 해석을 거듭하여 모든 것을 메타 해석의 대립으로 환원할 수 있다. '네 행위는 정의롭지 않다'라는 비난에 대해 '애초에 정의란 무엇인가' '정의는 정의할 수 있는가' '과연 너는 고발할 권리가 있는가'라고 얼마든지 메타 차원에서 받아칠 수 있다. 인터넷상의 키보드 배틀에서 쉽게 볼 수 있는 광경이다.

말로 진실을
찾아내려 하지 않기

이 자체는 결코 나쁘지 않다. 오히려 이처럼 '점점 엇나가는 말의 능력'이 문화의 본질이고 문학과 시의 원천이라고 할 수 있다. 그러나 골치 아픈 사태를 초래하는 것도 사실이다.

예를 들어 한일 역사 인식 문제, 특히 종군 위안부 문제가 그렇다. 구 일본군이 강제 연행한 종군 위안부는 존재했는가? 나는 존재했을 가능성이 높다고 본다. 그러나 반대파를 설득할 수 있다고 생각하지는 않는다. 왜냐하면 여기에서도 '점점 엇나가는 말의 능력'이 발휘되기 때문이다. 우선 '강제 연행'이란 무엇인가 라는 정의의 문제가 있고, 증언과 기록에 대해서는 저것은 진짜다, 아니 거짓이다, 거짓이라는 주장이야말로 거짓이고 그 뒤에는 음모가 있다 등등 여러 '해석'이 난무하다. 이런 상황에 빠진 이유는 종군 위안부에 관한 논쟁이 최종적으로는 그 증거를 증언, 문서 기록과 같은

'말'에서 찾고 있기 때문이다. 말 위에 말을 더해 가는 메타 게임은 결코 끝나지 않는다.

　　일상에서도 이런 사례를 자주 접한다. 예를 들어 성희롱이나 상사의 괴롭힘. 이 또한 기억에만 의지한 고발로 물리적인 증거가 없는 또는 증거를 찾을 수 없는 사례다. 한쪽은 피해를 주장하고 다른 쪽은 거짓 또는 잘못된 기억이라고 반론한다. 이때 '진실'이란 무엇인가? 제3자가 할 수 있는 것은 어딘가에서 진실 탐구를 그만두고 잠정적인 사실을 확정하여 일정한 처벌을 내림으로써 '끝난 것'으로 하는 것 외에는 방도가 없다. 피해자와 가해자 모두 불만이겠지만, 이는 사람의 말이 지닌 불가피한 한계다. 말의 해석은 끝없이 쌓아갈 수 있기 때문에 피해자는 얼마든지 부풀릴 수 있고, 반대로 가해자는 얼마든지 억지 논리로 빠져나갈 수 있다. 말만으로 다툼을 끝내는 것은 불가능하다.

　　그래서 나는 한일 관계에서 올바른 역사 인식을 공유할 것이 아니라 오히려 '역사 인식을 공유할 수 없다는 인식을 공유해야 한다'고 본다. 종군 위안부 문제뿐 아니라 여러 사건에 대해 한국은 한국의, 일본은 일본의 주장이 있다. 각

나라 안에서 과격한 주장이 있다. 이 상황에서 하나의 '올바른' 역사 인식을 억지로 공유하려고 하면 최악의 경우 전쟁에 이른다. 물론 진실은 하나다. 하지만 말로는 거기에 도달할 수 없다. 그렇다면 '진실을 탐구하지 않는' 것이 합리적일 수도 있다.

나는 조금 전에 '개인으로서 서로를 이해하는 것'과 '국민으로서 서로를 이해할 수 없는 것'의 괴리를 논했다. '국민으로서 서로를 이해할 수 없는 것'보다도 '개인으로서 서로를 이해하는 것'을 우선시하여 제도를 설계하는 편이 현명하다.

말의 해석은 현전하는 '사물'에
미치지 못한다

검색은 자신에게 유리한 이야기를 골라내는 최적의 수단이
다. 검색어에 따라 여러 이야기가 생성되기 때문이다.

거꾸로 말해 인터넷은 그 원리상 '어떤 사람이 검색을
통해 도달한 세계관'과 '다른 사람이 검색을 통해 도달한 세
계관'을 조정할 수 없는 미디어이다. 이는 10여 년 전에 캐스
선스타인Cass R. Sunstein이라는 미국의 헌법학자가 『인터넷은 민
주주의의 적인가』라는 저서에서 지적한 바 있다. 나는 한편
으로는 데리다 철학을 연구하며 말의 무력함을 배워왔기 때
문에, 다른 한편으로는 오랫동안 인터넷을 접하며 본인 또
는 친구에 대한 '비난 쇄도'를 많이 보아온 경험 때문에, '말만
으로는 다툼을 끝낼 수 없다는 전제하에 어떻게 하면 다툼을
끝낼 수 있는가'를 계속 고민해왔다.

그 결과 '사물'이 중요하다는 결론에 도달했다. 더 정

확히 말하자면 시간이나 경험처럼 '말의 바깥에 있는 것'이 중요하다는 것이다.

제3장에서 아우슈비츠를 방문했던 이야기를 했다. 역사수정주의자가 아무리 '가스실은 없었다'고 주장해도 아우슈비츠나 작센하우젠의 옛터는 지금도 존재하고 쉽게 갈 수 있다. 이는 매우 중요한 사실이다. 만일 전후 혼란 속에서 아우슈비츠나 작센하우젠의 터가 모두 개발되어 주택지 등으로 바뀌었다면 어땠을까? '가스실은 없었다'는 주장은 지금보다 훨씬 큰 영향력을 가졌을 것이다. 문서, 사진, 증언이 남아 있어도 얼마든지 현재의 세계관에 맞춰 재해석할 수 있다. 인간에게는 그런 능력이 있다. 그러나 해석의 힘은 사물에 못 미친다. 역사를 남기기 위해서는 그런 '사물'을 남기는 것이 제일 좋다.

인간의 기억은 그다지 믿을 것이 못된다. 이언 해킹Ian Hacking이라는 과학철학자이자 분석철학자의 『기억을 덮어쓴다記憶を書きかえる』(早川書房)라는 책이 있다. 1980년대 미국에서 다중 인격 장애가 폭발적으로 늘었다. 진단 매뉴얼에 다중 인격이 등록되었고 이를 계기로 증가한 것이다. 다중 인격의 원인

은 학대나 성폭력으로 알려졌기 때문에 한때 미국에서는 수백 명의 한 명꼴로 어린 시절에 학대를 받았다는 말이 된다. 비현실적인 얘기였다. 세월이 흘러 이번에는 '의사기억 증후군'이라는 새로운 말이 생겼다. 어린 시절에 학대를 받았다며 아이에게 고소당한 아버지들이 반대로 '아이들은 의사나 상담가에게 속고 있다'고 맞고소를 하는, 진흙탕 같은 사태가 벌어졌다. 그야말로 메타 게임이다.

이처럼 증언은 불안정하다. 트라우마 또한 그것이 언어의 기억인 이상 절대시할 수 없다. 증언은 절대적이지 않다. 기억은 얼마든지 바뀐다. 피해자의 기억은 거짓이라고 가해자가 주장할 수도 있다. 그래서 사물이 중요하다. 신체의 흔적은 메타 게임을 끝내는 힘을 갖고 있다. 흉터나 화상 자국, 강간의 흔적 등이 남아 있다면 말할 필요도 없이 진실이 된다. 거꾸로 말해 그런 흔적이 없으면 게임은 끝나지 않는다.

다른 관점에서 생각해보자. 도스토옙스키의 『카라마조프의 형제』에 '대심문관 이야기'라는 유명한 작품 속 작품이 있다. 짧게 말해 형제 중 둘째인 이반이 독실한 기독교신자인 셋째 알료샤를 비판하면서 말한 우화다. 이반은 알료샤에게 만약 미래에 신이 나타나 최후의 심판을 내려 모든 인간이 구원되어 '지금까지의 고통은 모두 이 구원을 위한 것이었어. 신이시여 감사합니다!'라는 결과를 맞이하더라도 이는 '미래의 우리'가 기뻐하는 것일 뿐 '지금 여기에 있는 우리'의 고통과는 아무런 관계가 없지 않느냐고 묻는다.

이는 바로 기억이 바뀌는 이야기다. 미래의 내가 '과거의 나는 이렇게 생각했어'라고 말하게 되더라도 새빨간 거짓말일지도 모른다. 미래의 나는 지금의 내가 겪는 고통을 완벽히 잊고 있을지도 모른다. 이반은 이 불안을 말하고 있다. 기독교의 신은 최후의 심판과 동시에 모두를 세뇌하기 때문에 수상쩍다는 말이다.

조금 더 철학적으로 정리하면 변증법적인 시간에 이의를 제기하는 것이라고 할 수 있다. 변증법은 정正과 반反이라는 상반되는 요소가 충돌하여 합合이라는 점점 높은 차원에 도달한다는 사상이다. 시간적으로 나중에 올수록 더 뛰어나다는 사상이다. 지금 여기에 있는 2013년의 나보다 여러 문제를 겪은 2014년의 내가 더 성장할 것이고, 그 후에도 계속 성장할 것이라는 생각이다.

그러나 이는 사실이 아니다. 미래의 우리가 지금의 우리보다 올바르고, 현명하며 과거의 고통을 기억하고 있을 것이라는 보증은 없다. 역사의 보존은 이러한 '후세의 기억 변경'을 의식하면서 이루어져야 한다.

기억 변경에 저항하기 위해
'사물'을 남긴다

사실 나는 '기억의 계승'이라는 말을 좋아하지 않는다. 기억
은 바뀔 수 있기 때문이다. 중요한 것은 기억의 변경에 저항
하는 '사물'을 남기는 것이다.

　　언어는 현실을 파악하기에는 부족한 미디어이다. 앞
서 논한 것처럼 우리는 체르노빌에 갔었다. 거기에서 낮은 방
사선량에 놀랐다. 그러나 우리처럼 체르노빌을 취재한 일본
의 언론에서 전혀 다른 논조의 기사가 주류를 이룬다. "지금
도 체르노빌의 노동자들은 상상을 초월하는 방사선량 속에
서 끝이 보이지 않는 폐로 작업을 하고 있다"는 기사뿐이다.

　　그러한 뉴스가 잘못된 것은 아니다. 이번에 체르노빌
원전에 가서 우리가 계측한 것 가운데 가장 높은 공간 방사
선치는 시간 당 12마이크로 시버트였다. '상상을 초월하는 방
사선량'이라고 말해도 틀린 것은 아니다. 폐로 작업도 분명

끝이 보이지 않는다. 그러나 우리가 취재한 바에 따르면 체르노빌의 노동자가 지속적으로 높은 방사선량에 노출되어 있는 것은 아니었다. 그들은 콧노래를 부르거나 라디오를 들으면서, 별다른 긴장감이나 비장함 없이 작업하고 있었다. 같은 현실을 보아도 어떻게 말하느냐에 따라 다른 이야기가 만들어진다. 다시 말하건대 이는 어느 쪽이 옳다는 식의 문제가 아니다. 이러한 어긋남은 반드시 일어난다.

그래서 사물을 남기는 것이 중요하다. 체르노빌의 경우, 원전이 아직 남아 있고 많은 사람이 그 내부를 견학할 수 있다는 사실이 결정적으로 중요하다. 같은 사물을 보면서 우리와 같은 방식으로 이해하는 사람이 있어도 되고, 그렇지 않은 사람이 있어도 된다. 이야기가 각양각색이고 조정이 불가능해도 궁극적으로 현장을 방문할 수 있으면 각자가 '자신의 체르노빌'을 발견할 수 있다. 그러나 그 기록이 서류로만 남아 있다면 그런 조정의 가능성을 잃고 만다.

우리는 검색을 구사해 수많은 정보 속에서 한없이 이야기를 끄집어낼 수 있는 시대에 살고 있다. 그렇기 때문에 한 사람 한 사람이 이야기와 현실의 관계를 자각해야 한다.

정보로만 구성된 세계에서 살다보면 난립하는 이야기 속에서 현실을 잃고 만다. 새로운 사물에 접하고 새로운 검색어를 손에 넣어 언어 환경을 쉼 없이 갱신해야 한다.

'동물적인 감정'에 희망을
걸어본다

철학으로 주제를 되돌리자. 20세기의 철학은 기호와 언어의 힘을 매우 중시했다. 그러나 21세기의 철학은 다시 '물리적인 실재'의 힘을 재평가해야 한다. 이는 존재론적인 의미에서가 아니라 실천적·실용적pragmatic인 의미에서 그러하다.

예를 들어 아동 학대가 있었다고 치자. 그 증거로 피해 아동의 흉터를 보는 것과 학대를 재현한 일러스트를 보는 것은 완전히 다르다. 비록 잔인하더라도 피해를 입증하고, 그것을 본 사람의 감정을 움직이기 위해서는 실제 흉터를 보여주는 것이 가장 효과적이다. 이것이 인간이라는 동물이다. 인간의 이러한 점을 고려해서 제도를 설계해야 한다. 기호와 언어만으로는 사회를 만들고 정의를 관철하는 데 무리가 있다.

2011년, 나는 『一般意志 2.0』*이라는 책을 펴냈다. 그 책에서 나는 루소Jean-Jacques Rousseau를 매우 높이 평가했다. 그

• 한국에서는 2012년 7월 출판사 '현실문화연구'에서 『일반의지 2.0 : 루소, 프로이트, 구글』로 출간되었다. - 편집자

가 이와 같은 실천의 관점을 지니고 있었기 때문이다.

루소는 프랑스 혁명의 이론적 지주이다. 근대 시민사회의 기초를 닦은 사람으로도 평가된다. 그러나 루소의 인간관과 사회관은 홉스Thomas Hobbes, 로크John Locke 등 사회계약설을 제창한 이들과는 전혀 달랐다. 홉스와 로크는 자연 상태에서 인간은 다툼을 멈추지 못하며, 따라서 각각의 권리를 제한하여 사회계약을 맺는 것이 '합리적'이라고 주장했다. 한마디로 인간은 이성적이고 논리적이며 머리가 좋기 때문에 자신의 본성을 억제하고 사회를 만든다는 말이다.

루소는 다르다. 그는 원래 인간은 고립되어 살아야 하지만 타인의 고통 앞에서 '연민'을 느끼기 때문에 집단을 이루고 사회를 만들었다고 주장한다. 사회계약의 근거는 합리적인 판단이 아니라 동물적인 감정에 있다고 말한다. 매우 독창적이고 유효 범위가 넓은 사상이 아닐 수 없다.

'물리적인 실재'의 힘을 재평가하자는 것은 이 '연민'의 중요성을 재고하자는 것이기도 하다. 루소가 말하는 '연민'은 인권이나 정의 같은 이념과는 관계 없다. 오히려 매우 동물적이고 반사적이다. 눈앞에서 사람이 피를 흘리고 있다면 생각할 겨를도 없이 손을 내밀게 되는 것처럼 매우 일상적인 감각이다.

루소의 이러한 생각은 철학적으로 볼 때 지극히 소박하게 느껴지기도 한다. 그러나 이 소박함이 장점이다. 무엇이 인권인가, 무엇이 정의인가에 대해서는 무한에 가까운 해석 논쟁이 따른다. 그 논쟁을 말로 멈추게 할 수는 없다. 현대사상에서는 이러한 '무한한 해석 논쟁'이야말로 정의의 조건이라는 곡예적인 주장도 있지만(앞에서 언급한 데리다가 여기에 가깝다), 이론을 위한 이론이 아닐까?

하지만 루소의 '연민'은 전혀 언어적이지 않다. 그렇기에 정의란 무엇인가, 인권이란 무엇인가 등의 해석 논쟁을 단호히 끝내고 눈앞의 불의에 대응할 수 있다. 내가 아는 한 현대 철학자 중에서는 미국의 리처드 로티Richard Rorty가 – 자신은 루소를 전혀 인용하지 않지만 – 유사한 주장을 펼치고 있다. 그는 『우연성, 아이러니, 연대성』이라는 책에서 인간이 연대하게 되는 중요한 계기는 이념의 공유가 아니라 '당신도 힘이 듭니까'라는 상상력에 바탕을 둔 물음이라고 말한다.

이는 인간의 한계를 시사하는 말이기도 하다. 또다시

아동 학대를 예로 들자. 여기에 외견상 전혀 이상한 점이 없고 깨끗한 옷을 입은 아이가 있다. 이 아이는 자신이 학대받고 있다고 주장한다. 그 아이의 말을 듣고 바로 '구해줘야지'라는 마음을 갖게 될까? 힘들 것이다. 아이는 거짓말을 하고 있는지도 모른다. 뭔가 다른 사정이 있어서 그런 말을 하는지도 모른다. 조금 더 상황을 살펴볼 필요가 있다. 보통 이런 판단을 하게 될 것이다.

　학대를 방관해도 된다는 말이 아니다. 냉정한 어른이라면 그렇게 판단할 것이라는 인식의 한계를 말하려는 것이다. 그러나 아이의 팔이 부러져 있다면? 바로 응급조치를 해야 한다고 생각할 것이고 이에 토를 다는 사람도 없을 것이다. 루소의 '연민'이라는 말은 이런 차이를 의미하는 것이다. 말로만 학대를 호소하는 아이에 대한 반응과 몸을 다쳐서 학대를 호소하는 아이에 대한 반응의 차이. 비록 이것이 인간의 한계이지만, 그 한계가 바로 사회의 기초가 된다.

　증오 발언을 반복하는 혐한嫌韓으로 유명한 일본의 '재특회'(재일 특권을 용납하지 않는 시민 모임) 사람들도 눈앞에서 한국인이 피를 흘리며 고통스러워하면 국적을 묻기에 앞서 손을 내밀

것이다. 사람은 국민이기 전에 개인이다. 국민과 국민은 말을 매개로 서로 엇갈릴 수밖에 없지만 개인과 개인은 '연민'을 통해 '약한 연결'을 맺을 수 있다. 여기에 21세기 글로벌 사회의 희망이 있다.

인생의 다이나미즘에
필요한 잡음

사람은 사상을 공유할 수 없다. 공유할 수 있는 것은 사물뿐
이다. 그러니 새로운 사물을 접하기 위해 여행을 떠나자. 이
책의 주제는 이러한 철학과 맥이 닿아 있다. '사물'이라고 했
지만 '욕망'도 사물의 일종으로 볼 수 있을 것이다. 욕망 또한
말로 제어할 수 없기 때문이다.

　　이는 철학적으로 매우 흥미로운 이야기다. 루소는 문
학사적으로 보면 성性에 대해 처음으로 적나라하게 쓴 작가
이기도 하다. 그가 '연민'을 중시한 것과 관계 있을지 모른다.
루소는 매우 유물론적으로 생생하게 인간을 파악했던 사람
이다.

　　나는 이 책의 서문에서 인터넷은 강한 유대관계를 더
욱 강하게 하는 세계이고, 여기에 잡음을 섞기 위해 현실이
있다고 말했다. 이러한 관점에서 볼 때 인간에게 '성'이 있다

는 사실은 매우 중요하다. 성적 욕망이야말로 인생에 '잡음'
을 넣는 것이기 때문이다.

하룻밤을 함께 보낸 관계성이 부자父子 관계나 동료 같
은 강한 유대관계를 한순간에 뛰어넘는다. 사회적으로 큰 성
공을 거둔 사람이 성범죄로 파멸하는 경우가 있는가 하면 절
망적인 패배자가 순식간에 권력자의 성적 파트너가 되기도
한다. 그런 비합리성이 인간관계의 다이나미즘dynamism을 낳
는다. 만약 인간에게 성욕이 없었다면 계급은 지금보다 훨씬
고정되어 있었을 것이다. 사람은 성욕이 있기 때문에 서로 말
을 섞지도 않았을 사람에게 말을 걸거나 교류를 갖기도 한다.
그 기능은 '연민'과 매우 유사하다.

루소는 인간은 원래 고독하게 살아야 하고 사회 따위
를 만들어서는 안 된다고 생각했다. 그럼에도 사회를 만들고
유지하는 이유는 연민을 느끼기 때문이다. 성욕이 존재하는
것과 같은 맥락이었을 것이다. 인간은 눈앞에서 사람이 피를
흘리고 있으면 생각할 겨를도 없이 손을 내밀고, 눈앞의 이
성(또는 동성)이 유혹하면 생각할 겨를도 없이 동침하고 마는, 그
런 약한 생물이다. 그런데 그것이 인간의 한계를 뛰어넘게

할 수도 있다.

　인간은 약하다. 욕망을 조절하지 못한다. 때로는 어리석은 행동도 한다. 그러나 그렇기 때문에 사회를 만들 수 있다. 여행을 떠난다는 것은 이런 어리석은 가능성에 몸을 노출하는 행위이기도 하다.

6

카피를 두려워하지
않는다

방콕

빈곤층에게만

진실이 보이는 것은 아니다

2013년 8월에도 가족 여행을 갔다. 이번에 간 곳은 태국 방콕
이었다.

　　방콕에서 체감한 것은 풍요로움이었다. 태국은 배낭
여행자의 성지로 불리며 적은 경비로 다녀올 수 있는 여행지
라는 인상이 강하지만, 내가 본 방콕은 달랐다. 시암Siam 지구
의 쇼핑몰은 학생과 가족으로 가득했다. 맥도날드 등 패스트
푸드의 가격도 일본과 별 차이가 없었다. 루이비통, 아르마니
같은 명품 가게에도 쉼 없이 사람들이 빨려 들어갔다.

　　태국의 실크산업을 발전시킨 짐 톰슨 하우스Jim Thompson
House & Museum●에도 갔다. 이곳을 찾기 전, 그에 대해 전혀 몰랐
기 때문에 호텔 풀 사이드에서 검색해서 살펴보았는데 꽤 특
이한 경력의 소유자였다. 미국에서 태어난 그는 미국 첩보기

● 미국의 사업가 짐 톰슨이 말레이시아에서 실종되기 직전까지 살았던 집이다.
1950~60년대 태국 각지에서 성행한 다양한 건축 양식으로 만들었다. 톰슨이 태국은
물론 미얀마, 캄보디아, 라오스 등 동남아 각지에서 수집한 불교 예술품 등이 전시되어
있다. 짐 톰슨은 고급 실크 제품을 판매하는 태국 오리지널 브랜드다. - 편집자

관 소속으로 제2차 세계대전 말기에 동남아시아에 부임했지만, 전쟁이 끝난 후에 그대로 태국에 남았다. 이후 기업가의 길을 걸으며 태국의 비단을 전 세계에 알리는 데 성공했다. 하지만 베트남 전쟁에서 의문의 실종으로 돌아오지 못했다.

현재, 짐 톰슨 하우스는 태국과 미얀마에서 모은 살림살이와 예술품을 관람할 수 있는 관광 명소가 되었다. 아내가 꼭 가고 싶다고 해서 들러보니 태국 특유의 높은 마루식 주거를 여섯 채 이어서 만든, 매우 세련된 디자인이 인상적이었다. 스리랑카에서 제프리 바와Geoffrey Bawa의 건축을 마주했을 때도 느꼈지만, 동양과 서양의 아름다움이 섞인 식민지 건축은 요염함이랄까…… 독특한 아름다움이 있다. 짐 톰슨 하우스 내 레스토랑도 태국 요리를 기본으로 수준 높은 미각을 선사해주었다. 도쿄 아오야마Aoyama에서도 충분히 통할 만했다. 때마침 현대미술 전시가 열리고 있어서 느긋하게 휴가를 보냈다.

물론 이렇게 쓰면 "너는 진짜 방콕을 본 게 아니야. 그런 곳에 가지 못하는 빈곤층이 여전히 많아"라고 혼날지도 모르겠다. 실제로 그렇다고 생각한다.

그러나 '진짜 방콕'이란 무엇일까? 도쿄를 생각해보자. 롯폰기 힐스Roppongi Hills에서의 인상과 우에노Ueno의 재래시장 아메요코Ameyoko에서의 인상, 또는 신주쿠Shinjuku의 노숙자를 보았을 때의 인상은 전혀 다르다. 롯폰기 힐스에 거주하는 사람이 부유층이라고 해서 도쿄의 현실을 반영하지 않는 건 아니다. 실제로 주말이나 휴일의 롯폰기 힐스는 일반 시민이 놀러 오는 일종의 테마파크가 되었다. 이것 또한 도쿄의 현실. 노숙자와 빈곤층에 주목해야 '진짜 도쿄'를 볼 수 있다고 생각하는 것도 이데올로기일 뿐이다.

'가짜 도쿄'를 모방한

태국의 쇼핑몰

'터미널 21'이라는 쇼핑몰도 인상적이었다. 시암 지구 근처에 위치한 아속Asok이라는 번화가에 있다. 젊은 층을 상대로 한 작은 가게들이 많아서 일본의 시부야Shibuya 109나 하라주쿠 Harajuku의 라포레 같은 곳이다. 별 생각 없이 들어갔는데 깜짝 놀랐다.

터미널 21은 전체가 '공항'을 콘셉트로 디자인한 곳이 다. 1층 로마, 2층 파리, 3층 도쿄…… 식으로 각 층마다 세계 유명 도시를 콘셉트로 꾸몄다. 에스컬레이터도 '출발' '도착' 으로 표시되어 있다. 쇼핑몰 전체를 테마파크처럼 꾸민 것 은 하나의 유행 같아서, 일본은 오다이바Odaiba의 비너스 포트 Venus Fort*가 유명하다. 비너스 포트는 중세 유럽을 모방했는 데, 천장에는 파란 하늘이 그려져 있고, 여기저기에 천사상과 분수가 설치되어 있는 키치한 공간이다.

• 유럽의 오래된 거리를 콘셉트로 만든 여성을 위한 테마파크. 하루에 세 번 변하는 천장을 비롯해 약 160개 숍과 레스토랑이 들어서 있다. - 편집자

터미널 21도 비너스 포트에 뒤지지 않는 키치한 공간이었다. 로마나 파리를 표방한다 해도 모두 가짜이기 때문이다. 로컬 local 공간이 로컬로 존재하지 않고 키치한 테마파크로 살아남는 현상은 모든 몰mall에서 일어나고 있다. 내가 가본 곳만 해도 싱가포르의 비보시티Vivo City에는 포장마차 골목을 모방한 푸드 코트가 있었고, 두바이의 두바이 몰에는 수크(이슬람 도시의 재래시장)를 베낀 액세서리 플로어가 있었다. 다만 터미널 21은 그러한 일반적인 경향으로는 설명할 수 없는 과감함이 느껴져 재미있었다. 무엇보다 도쿄를 주제로 한 3층의 내부 장식이 충격적이었다.

그곳에서의 인상을 말로 설명하기 힘들지만, 3층의 내부 장식은 다른 층과 달리 도쿄를 베껴서 키치한 분위기를 자아내는 것이 아니라 오히려 의도적으로 '키치한 도쿄' '가짜 도쿄'를 모방한 공간이었다.

여기 몇 장의 사진을 보자. 첫번째 사진은 내부 장식 풍경[사진 2]이다. 도리이**가 있기도 하다. 두번째 사진은 길거리 천정[사진 3]으로 '기뻐하며囍々と' '행복しあわせ'이라고 쓰인 이상한 등롱燈籠, 등불을 켜서 어두운 곳을 밝히는 데 쓰는 기구이 쭉 늘어서 있다.

•• 신사의 문. ─ 옮긴이

[사진 2]

[사진 3]

[사진 4]

앞에 있는 포렴布簾, 술집이나 부동산의 문에 간판처럼 늘인 베 조각에는 가타카나 비슷한 글자가 적혀 있지만 실은 가타카나가 아니어서 전혀 읽을 수 없다. 세번째는 점포 입구 풍경[사진 4]인데, '도쿄 다시 참조하기 바랍니다'라는 간판이 무슨 말인지 도대체 알 수가 없다. 모든 것이 이런 식이다. 3층의 내부 장식은 현실의 도쿄를 모방할 의사가 전혀 없는 듯 보였다. 말하자면 "외국인이 억측으로 만들어낸 키치한 도쿄" 이미지를 다시 모방해 그 키치함을 강조한 것이었다. 무의미한 일본어와 잘못된 가나 표기를 여럿 배치한 것을 보아도 의도적이었다는 생각이 든다. 학술적으로 말하자면 원본과 복제의 관계가 한 단계 더 꼬여 있었다. 원본이 없는 순수한 복제, 철학 용어로 말하자면 '시뮬라크르simulacre'•••다.

터미널 21의 3층을 가장 잘 즐길 수 있는 사람은 이것이 단순한 복제가 아니라 '시뮬라크르'라는 사실을 알아챌 수 있는 일본인이다. 방콕에 가게 되면 꼭 들러보기 바란다.

••• 프랑스어로 시늉, 흉내, 모의模擬 등의 뜻을 지니는 시뮬라크르는 가상, 거짓 그림 등의 뜻을 가진 라틴어 시뮬라크룸simulacrum에서 유래했다. 모조품, 가짜 물건 등 원본의 성격을 부여받지 못한 복제물을 뜻하는 개념이다. - 편집자

전지구화의 본질은
'복제'

나는 아시아의 도시에 가는 것을 좋아한다. 그곳에서는 전지구화의 본질이 두드러지기 때문이다.

　　도쿄를 비롯해 동아시아의 도시는 유럽이 낳은 근대 도시 형태를 모방해서 형성되었다. 즉, 복제copy다. 따라서 유럽이나 미국에 가면 근대화의 오리지널, 즉 '원본'을 만난 느낌이 든다. "저것은 원본이고 우리는 어디까지나 복제에 지나지 않아. 그러니 원본과 비슷해지도록 노력해야지"라는 느낌을 받게 된다. 아니면 반대로 "유럽이 뭐라고. 일본이 더 뛰어나"라고 반발할 때도 있다.

　　그러나 아시아의 도시에서는 그런 생각을 하지 않아도 된다. 아시아의 도시는 모두 복제이기 때문이다.

　　근본적으로 생각해보면 중요한 것은 모방 불가능한 원본이 아니라 오히려 세계 어디에서도 통하는 복제 가능한 부분이다. 아시아의 도시를 비교해보면 어느 부분이 각 지역의 고유한 부분이고, 어느 부분이 어디에서든 통하는 전지구적인 부분인지 알 수 있다. 타이베이와 방콕에 들렀다가 도쿄에 돌아오면 같은 쇼핑몰이라도 같은 점과 다른 점을 알게 되어 전지구화의 의미를 생각할 수 있다.

오늘날 세계는 빠른 속도로 균질화하고 있다. 20세기에는 여행을 통해서 전혀 다른 타자, 전혀 다른 사회를 만날 수 있었다. 그러나 21세기에는 전 세계 대부분의 사람들이 비슷한 쇼핑몰에 가고, 비슷한 옷을 입고, 비슷한 음악을 듣고, 비슷한 패스트푸드를 먹게 되었다. 세계가 인터넷으로 연결되어 어디에 있어도 조국에 있는 친구와 모어母語로 채팅을 할 수 있다. 결코 고독하지 않다. 이 책이 배낭여행자의 여행이 아니라 '관광'을 모델로 삼은 것은 이런 변화를 전제로 했기 때문이다.

물론 이러한 변화를 비판하는 사람도 있다. 지역성과 고유함이 사라져 전 세계가 맥도날드와 할리우드로 수렴되는 것은 따분한 일일지도 모른다. 그러나 애당초 인간은 민족과 역사의 차이에도 불구하고 모두 같은 신체를 갖고 있다.

그렇다면 각자의 인간이 원하는 것도 그렇게까지 다양하지는 않을 터. 이런 전제를 놓고 생각하면 상업시설과 교통기관 등 인프라 디자인이 효율적인 방향으로 수렴되어가는 것은 폭력도 무엇도 아닌 일종의 필연이라고 생각한다.

이런 얘기를 나눌 때마다 자주 떠오르는 동영상이 있다. 유튜브에도 공개된 BBC의 〈Hans Rosling's 200 Countries, 200 Years, 4 Minutes〉라는 프로그램이다[사진 5]. 최근 두 세기 동안 전 세계 국가들이 얼마나 풍요로워지고 건강해졌는지 단 4분 동안 그래프 등을 통해 설명하는 수준 높은 동영상이다. 동영상을 보면 전 세계 인류의 생활수준이 어마어마한 기세로 균질화하고 있음을 실감할 수 있다. 이로 인해 문화의 다양성을 잃게 된다 해도 반가워해야 한다고 생각한다. 아시아와 아프리카 사람들이 빈곤과 질병의 고통으로부터 급속히 해방되고 있음을 의미하니까.

[사진 5] BBC의 〈Hans Rosling's 200 Countries, 200 Years, 4 Minutes〉는 최근 두 세기 동안
전 세계 국가들이 얼마나 풍요로워지고 건강해졌는지를 보여준다.

세계의 균질화를 가능하게 한
약한 유대관계

이 책의 주제는 '검색'과 '관광'이다. 구글이 검색의 플랫폼인 것처럼 전지구화는 관광의 플랫폼이다. 전 세계에 비슷한 호텔, 비슷한 쇼핑몰, 비슷한 체인점이 있어서 우리는 안심하고 관광할 수 있다.

어떤 사람은 복제로 가득한 여행이라고 비판할지도 모른다. 그러나 그 여행에서 우연과 만남이 사라진 것은 아니다. 검색이 어떤 검색어를 입력하느냐에 따라 전혀 다른 화면을 보여주듯이 관광도 관광객의 행동에 따라 전혀 다른 모습을 보여주기 때문이다. 전 세계가 균질한 시대가 된 지금, 우리는 이 균질함을 이용해 여기저기 돌아다니고, 여러 사람들을 만나서 '연민'의 네트워크를 만들어야 한다.

나는 서문에서 인터넷의 장점을 활용하기 위해 약한 현실을 도입해야 한다고 적었다. 마찬가지로 전지구화는 관광객으로서 무책임하게 '약한 유대관계'를 여기저기에 만들어 나갈 때 비로소 의미를 갖는다. 그러니 복제물이 되는 것을 두려워하지 말자.

7

늙음에 저항한다

도쿄

이 장이 마지막 장이다.

마지막으로 '늙음'에 대해 생각하고 싶다.

인생의 자원은 한계가 있다

내가 지금까지 얘기한 것을 한마디로 정리하면 신체야말로 기호의 '한계'를 규정한다는 것이다.

　　누구나 비슷한 경험을 하겠지만, 많은 시간이 요구되는 일을 할 때 최종적으로 완성도를 결정하는 것은 체력이다. 시간과 노력을 더 기울이면 좋아진다. 하지만 눈과 손이 한계에 달해 일을 멈추었던 경험이 누구나 한 번쯤은 있을 것이다.

　　이는 철학적으로도 중요한 문제로, 데리다는 "의사소통이 멈추는 것은 잉크가 부족해졌을 때"라고 말했다(『유한책임 회사』). 꽤 신랄한 지적이다. 의사소통은 정치철학자의 이상과 달리 합의나 목표에 도달해서 끝나는 게 아니라 참가자가 지치거나 싫증이 나서 멈춘다는 것이다. 실제로 인터넷상에서 벌어지는 '논쟁'을 지켜보다보면 데리다의 말이 맞다는 생각을 하게 된다.

나 역시 이를 비평가라는 직업을 가졌을 때부터 강하게 느껴 왔다. 나는 비평가라는 이름으로 사회 활동을 시작했는데, 삼십대 중반부터 가급적 비평가라는 직함을 쓰지 않고 있다. 현역으로 활동하기에는 체력 면에서 힘들다고 생각했기 때문이다.

이십대에는 13회의 애니메이션을 한 번에 쉬지 않고 보기, 이틀 밤을 새워가며 게임하기, 한 작가의 책 스무 권을 한 번에 사서 계속 읽기가 가능했다. 사실, 비평가의 감성은 이런 '양적인 훈련'으로 축적된다. 특히 하위문화는 그렇다. 하지만 삼십대 중반부터는 힘들어졌다. 아이가 생긴 것이 결정적이었다. 아이를 맞이하는 것은 정말 행복한 일이지만 아무래도 업무 효율은 떨어지기 마련이다.

그 시기부터 인생의 자원은 한계가 있고 최첨단의 정보를 지속적으로 얻는 것은 무리라는 생각이 들었다. 단순히 체력으로 승부하는 것이 아니라 다른 방법으로 기호를 확장해갈 수는 없는지 생각하게 되었다.

비록 어린 나이였지만, 이는 '늙음'에 대해 생각하기 시작했다는 것을 의미한다. 나이가 들면 광대한 네트워크를 눈앞에 두고도 정보를 수집하는 필터가 막히고, 새로운 검색어를 생각할 수 없게 된다. 때때로 필터 청소를 해야 한다.

그래서 책을 읽거나 애니메이션을 보는 대신, 휴가 때는 외국에 가는 생활방식을 채택했다. 이 책은 그 결과 태어난 것이다.

인터넷은
체력 승부의 소모전

지금은 소셜 미디어 시대라고들 한다. 그곳에서는 타인의 평가가 부富로 바뀐다. 평론가 오카다 도시오岡田斗司夫 씨는 이런 사회를 '평가 경제 사회'라 부르며 높이 평가한다.

그러나 그곳에서의 평가는 웹사이트의 페이지뷰, 트위터의 관심 글, 페이스북의 '좋아요'의 숫자를 말한다. 그 숫자를 늘리는 작업은 순전히 체력이 좌우하는 면이 있다. 물론 글을 쓴 사람이 아무런 노력을 하지 않았는데도 저절로 주목을 받는 사례도 있다. 그러나 대체로 노출 수가 많을수록 확실히 주목도도 올라간다. 트위터든 페이스북이든 이메일 매거진이든 새로운 글을 올리는 횟수가 잦을수록 독자는 늘고 평가도 높아진다.

그 귀결은 매우 슬픈 세계다. 나는 지금 '겐론'이라는 작은 회사를 경영하고 있다. 회사 매출을 늘리려면 내가 늘 인터넷에 달라붙어 블로그를 업데이트하고 트위터를 해야 한다. 같은 이유 때문에 온라인에 기반한 언론인은 가급적 오랜 시간 컴퓨터에 달라붙어 콘텐츠를 꾸준히 올리고 있다. 이메일 매거진 구독자 수와 다운로드 수를 늘리기 위해 필사적으로 트윗을 하고, 니코나마*에서 거듭 선전하고 있는 모습을 보고 있으면 – 나도 그중 한 사람인데 – 미국 태생의 소셜 미디어가 일본에서는 극히 낡아빠진 '장시간 단순 노동'으로 바뀌고 말았다는 생각이 든다. 우울해진다. 그곳에서 이루어지는 것은 새로운 콘텐츠 생산과는 무관한, 순수한 체력 소모전이다.

정말 새로운 콘텐츠, 정말 뛰어난 콘텐츠는 결코 그런 소모전에서 나오지 않는다. '지금 여기'에서의 매출을 최대한 높이려고 하면 사람은 체력 승부를 할 수밖에 없다. 내가 서문에서 밝힌 '강한 유대관계' 속에 꼼짝없이 갇힌 상태다. 이제는 여기에서 벗어나야 한다. 차분하게 흘러가는 시간에 몸을 맡겨야 한다. 그래서 여행이 필요하다.

• 일본의 동영상 UCC 스트리밍 서비스. - 옮긴이

'약한 것'이

강하다

강한 유대관계는 계획성의 세계다. 그래서 타산적이고 신중한 사람은 강한 유대관계를 추구한다. 지금 자기가 놓인 환경에서 통계적으로 최적의 성과를 내기 위해 힘쓴다. 자기계발서와 인생 설계 매뉴얼 쓰여 있는 대부분의 방법이기도 하다.

하지만 삶이 언제까지 계속될지는 아무도 모른다. 삶은 한 번뿐이기 때문에 평균 수명이 얼마건, 80세까지 살건 내가 죽으면 끝이다. 그런데도 통계를 기본으로 한 계획에 따라 손실을 방지risk hedge하는 것이 옳은 걸까?

통계로 알 수 있는 지식은 만약 몇 번이라도 삶을 살수 있다면 확률적으로 그 선택이 가장 이익이 크다는 것뿐이다. 한 번뿐인 '나의 삶'에 대해 통계는 아무것도 가르쳐주지 않는다. 표준은 통계적인 조정을 통해 생기며 실제로 표준대로 삶을 사는 사람은 한 명도 없다. 누구의 삶이든 사고나 질

병 등 예상 밖의 문제로 가득하다. 몇 살에 결혼하고 몇 살에 얼마를 저축하고 몇 살에 아이가 생기고…… 체계적으로 계산해서 계획을 세워도 그런 계획은 사소한 우연으로 순식간에 날아가버린다.

한편 약한 유대관계는 우연성의 세계다. 인생은 우연으로 가득하다. 이를 상징하는 것이 '아이'다.

여러 번 말했듯이 나에게는 초등학교에 다니는 딸이 하나 있다. 내가 보기에는 예쁘고 만족스럽지만 딸애가 '이 아이'인 것은 우연일 뿐이다. 딸아이는 내가 서른네 살 때 태어났는데, 이십대에 낳았다면 당연히 다른 아이였을 것이다. 그뿐만이 아니라 아이는 기본적으로 정자와 난자의 우연한 조합에 지나지 않으므로 만약 지금 타임머신을 타고 시간을 거슬러올라가 같은 날 같은 시간에 같은 아내와 같은 행위를 다시 한다 해도 유전적으로 다른 사람일 가능성이 크다. 만약 내 딸이 지금의 딸이 아니라 전혀 다른 아이였다면 내 생활은 전혀 달랐을 것이다.

이처럼 삶은 대부분 아슬아슬한 우연에서 성립한다. 친자관계는 인간관계에서도 가장 강한 것이지만, 이는 서문의 분류에 따르면 '약한 유대관계'의 전형이다.

우연과 필연의 관계. '이 한 번뿐인 삶'과 통계의 관계. 이것이 내 철학의 주제이고, 이 책에 깔려 있는 문제의식이다.

이 책에서 '새로운 검색어를 찾아라'라는 표현을 통해 거듭 전하고 싶은 메시지는 "통계적인 최적 따위는 생각하지 말고 우연에 몸을 맡기라"는 것이다. 최적의 패키지를 음미한 후에 고르는 인생은 온라인 서점의 추천에 따라 책을 사는 것과 같다. '꽝'을 뽑는 일은 없겠지만 대신 만남도 없다. 오프라인 서점에서 어쩌다 눈에 들어와 사게 되는, 그런 우연성에 몸을 맡기는 쪽이 훨씬 풍부한 독서 경험을 가져온다.

우연히 찾아온, 세상에 딱 하나뿐인 '이 딸'을 사랑하는 것. 이 '약함'이 강한 유대관계보다 강하다는 사실을 깨달았을 때, 나는 인터넷에서 끊임없이 정보를 수집하는 비평가이기를 그만두고 여행을 떠나게 되었다.

같은 세계 속에서 같은 말로만 검색하고 그럭저럭 행복하다 해도 우리는 틀림없이 늙어가고 체력은 떨어진다. 늙음에 저항할 수 있는 것은 약한 유대관계와의 만남뿐이다.

늙음에 저항한다

도쿄

보너스 트랙

관광객의
5가지 마음가짐

① 무책임을 두려워하지 않는다.

일본인은 회사나 조나이카이* 등 자신이 속한 좁은 공동체의
인간관계를 너무 소중히 여긴다. 그런데 인간관계는 약간 소
홀히 하는 것이 좋다.

　　작가 히라노 게이치로 씨는 '분인화分人化'라는 개념을
제창한 바 있다. 일관된 개인이기를 그만두고 각각의 공동체
에 최적화한 '분인'이 되자는 것이다. 부모 앞, 아이 앞, 회사
동료 앞, 취미 동호회 앞, 인터넷 친구들 앞…… 각각에 따라
다른 인간이 되어도 좋지 않느냐는 것이다.

　　히라노 씨는 사람들이 '마을'에 구애되는 것을 경감하
기 위해 이를 제안했다. 그 취지는 공감하지만 그 아이디어에
는 동의할 수 없다. 분인화는 여러 마을과 관계를 맺는다면
이름을 마을별로 사용해 각 마을의 '마을 사람'이 되자는 발
상이다. 그러나 여기에서는 이런 캐릭터, 저기에서는 다른 캐
릭터…… 이런 삶의 방식은 언뜻 현명해 보이지만 체력 소모
가 크다. 갑갑한 삶이 되고 만다.

　　본문에서 말한 것처럼 내가 권장하는 방식은 관광객

* 한국의 반상회처럼 동네 별로 구성되어 있는 자치회. 반상회보다 활동 범위나 구속력이
　높아 대부분의 사람들이 소속되어 있고 돌아가며 임원을 맡아 활동할 의무가 있다. - 옮긴이

처럼 사는 것이다. 여러 공동체에 속하는 것은 좋은 일이다. 다만 모든 공동체에 온전히 인격을 맞출 필요는 없다. 여러 공동체의 이야기를 모두 이해할 필요도 없다. 일종의 관광객, '손님'이 되어 적당히 거리를 유지하면서 여러 공동체에 걸쳐 있는 것이 가장 현명한 삶의 방식이다.

달리 말해 어느 정도 무책임해지자는 것. 한 공동체에 소속할 때마다 그곳의 구성원으로 책임을 다하려면 할 수 있는 일은 제한적이 되고 만다. 어느 장소에서는 마을 사람이지만 다른 장소에서는 무책임한 관광객이기에 할 수 있는 일이 있다. 그런 생각을 가지면 좋겠다. 암튼 일본인은 마을 사람을 좋아한다. 정규직을 좋아한다. 안과 밖을 나누고, 그 안에서 연대하는 것을 좋아한다.

그런 숨 막히는 환경은 무시하고, 관광객이 되는 것을 자랑스럽게 생각하자.

② 우연에 몸을 맡긴다.

본문에서 여러 번 강조했듯이 인터넷은 사람의 소속을 고정시킨다. 인터넷에 의존하면 자기와 닮은 정보에 둘러싸여 약한 유대관계를 손에 넣을 기회를 잃는다. 인생을 풍요롭게 할 수 있는 기회를 잃는다. 대항하는 방법은 현실에서 예상 밖의 행동을 하는 것뿐이다.

애당초 인간은 옆에 있는 사람에 대해서도 알지 못한다. 2014년 4월에 모스크바에 출장을 갔다. 딸에게 줄 선물을 사고 싶었는데, 마땅한 게 없어서 공항에서 마트료시카 Matryoshka 인형을 샀다. 인형은 열 개 정도 들어 있었다.

귀국 후, 딸에게 주었더니 뜻밖에도 아내가 크게 기뻐했다. 그녀는 어릴 적부터 마트료시카를 매우 좋아했다는 것이다. 아내와 결혼한 지 15년이 지났지만 그녀가 마트료시카를 좋아한다는 이야기는 처음 들었다. 일본에 있을 때는 부부 사이에 마트료시카를 이야기 할 기회가 없었으니 당연하다. 환경을 바꾸지 않으면 검색어가 고정되고, 있었을지도 모를 만남도 생기지 않는다는 좋은 사례가 아닐 수 없다.

우연에 몸을 맡기라. 이를 통해 정보가 고정되는 것을 극복하
자. 여행을 떠나면 평소에는 결코 사지 않을, 어디에 쓰는 물
건인지 모르는 선물을 가득 사자.

③ 성공과 실패를 생각하지 말자.

마지막 장에서 얘기한 대로 삶은 한 번뿐이다. 몇 번이든 다시 살 수 있는 것이 아니다. 따라서 통계에 현혹되지 말고 우연의 연쇄를 긍정하며 후회 없이 살아야 한다.

조금 더 이야기해보자. 독자 가운데 수험생이 있다면, 진로를 상담하는 동안 미래를 놓고 고민하여 대학을 고르라는 말을 자주 들을 것이다. 인터넷을 봐도 직업을 고를 때는 연봉을 고려하라, 결혼할 때는 얼마가 소요된다 등 이런저런 충고가 쓰여 있다.

결론부터 말하자면 그런 충고에 구애받을 필요는 없다. 몇 년 단위의 계획은 필요하다. 그러나 10년 후, 20년 후를 고려한 인생 계획은 기본적으로 의미 없다. 시험을 치러 들어간 대학에서 만난 교수가 최악일 수도 있고, 취직한 회사가 망할 수도 있고, 결혼 상대가 병에 걸릴 수도 있다. 인생은 무슨 일이 일어날지 모른다. 빈틈없는 계획을 세워 두면 오히려 새로운 가능성에 대응하지 못한다. 중요한 것은 새로운 국면이 도래했을 때 그때까지 해온 것에 구애받지 않고 미래를 위해 사고방식을 바꿀 수 있는 유연성이다.

짧은 생각으로 경거망동했다가 실패하면 어떻게 하느냐며 걱정하는 사람도 있을 것이다. 그러나 인생에서 '실패'란 무엇을 뜻할까? 사업 실패, 투자 실패, 결혼 실패처럼 개별 사례는 있을 것이다. 그러나 그 실패는 다음 국면의 출발점이 될지도 모른다. 인생, 그 자체에 실패는 없다. 그 성패를 측정할 기준은 어디에도 없기 때문이다.

여행을 떠나기 전 여행 가이드북을 보고 계획을 세우는 것은 좋다. 그러나 여행지에서는 계획을 무시하며 적극적으로 코스를 변경해보자! 그럴 때 여행=인생은 훨씬 즐거워진다.

④ 인터넷과 연결된 상태로 있는다.

구체적인 여행 이야기를 빼놓을 수 없다. 여행에 필요한 것은 우선 언어 능력. 최소한 영어를 할 줄 알아야 하고, 다른 언어도 할 수 있다면 좋다. 그러나 이 말이 회화를 구사해야 한다거나 문법을 공부하라는 것은 아니다. 그저 입구, 출구, 화장실 등 그 나라 언어로 필요한 단어를 읽을 수 있으면 된다. 이는 매우 중요하다.

조금 더 욕심을 내자면 아시아권을 여행할 때는 아라비아 문자, 데바나가리 문자 등 현지 문자를 어느 정도 읽으면 좋다. 이 또한 완벽할 필요는 없다. 간판의 앞부분 몇 글자를 읽을 수 있는 것만으로도 의외로 도움이 된다. 글자가 그냥 무늬로 보이지 않는 것만으로 거리 모습이 전혀 달라 보인다.

암튼 필요한 것은 인터넷 접속이다. 호텔에서 무선 랜을 통해 컴퓨터로 접속하는 식의 저차원이 아니라 데이터 로밍 등으로 일본과 다를 바 없는 모바일 인터넷 환경을 유지하는 것이 중요하다. 구글 맵이 있으면 거리에서 길을 잃을 일이 없고, 연극과 비행기 티켓도 예약할 수 있다. 아무튼 인터넷은 편리하다.

무엇보다 여행하면서 새로운 검색어를 손에 넣었을 때 그 자리에서 바로 검색할 수 있다는 점이 중요하다. '집에 돌아가면 다시 검색해야지'라는 생각은 금물이다. 검색할 리가 없으니까. 여행하는 동안은 평소와는 다른 내가 된다. 이 '조금 다른 나'를 일상의 환경에서는 회복할 수 없다. 현지에 서는 생각나는 것을 적극적으로 검색해서 그 자리에서 견문을 넓히자. 관광지에서는 고개를 수그리고 스마트폰으로 검색하라.

⑤ 그러나 무시한다.

그러나! 여기에서 결정적으로 중요한 것은 <u>인터넷에 접속해야 하지만 일본에서의 인간관계는 끊어야 한다</u>는 점이다.

여행지에서의 사진을 페이스북이나 트위터에 열심히 올리는 사람이 있다. 그 기분은 이해되지만 그래서는 여행의 의미가 없다. 여행지에서 새로운 경험을 하기보다 일본에 있는 친구들에게 정보를 보내는 것을 중시하는 사람이 너무나 많다. 본문에서 얘기한 것처럼 여행에서 중요한 것은 일상과 다른 환경에 있으면서 평소의 자신이라면 생각하지 못할 일을 하는 것이다. 페이스북이나 트위터의 시선을 의식한다면 일상과 다를 게 없다.

나는 여행지에서는 거의 트위터를 하지 않는다. 메시지 알림 기능도 꺼놓는다. 이제 스마트폰은 카메라와 시계를 대신한 지 오래여서 여행중에도 수시로 화면을 볼 때가 많다. 그때마다 "○○ 씨에게 메시지가 왔습니다"라고 알림이 뜨면 여행 분위기를 망칠 것이다. 아이폰이라면 '설정'에서 알림 기능을 제한해두면 된다. 소리도, 진동도, 아이콘도 뜨지 않

게 해두자. 아이콘 옆에 숫자가 뜨면 그것만으로 여행은 망치
게 된다.

　　일본인은 인간관계를 너무 중시한다. 인터넷 시대가
되어 더 심해지고 있다. 일본인이 관계를 중시하는 것은 변함
없지만, 그래도 쇼와 시대에는 사람들이 따로따로였다. 아무
리 사이가 좋은 단짝 친구라도 고등학교나 대학교를 떠나면
관계를 유지하는 것이 매우 힘들었다. 그런 단절이 가져오는
효용도 있었다. 인생의 분기점마다 인간관계를 쇄신할 수 있
었다. 그런데 이제 인터넷 때문에 그럴 수 없게 되었다. 초등
학교, 중학교 동창이 언제나 페이스북과 라인LINE의 리스트에
존재한다. 그렇다면 의도적으로 관계를 끊을 필요가 있다.

　　우리는 지금 인터넷 덕분에 끊겼을 인연까지도 계속
이어가고 있다. 강한 유대관계를 더욱 강하게 하는 인터넷은
우리를 그 속에 가두고 있다. 그 유대관계를 끊을 기회는 바
로 여행뿐이다.

　　여행하는 동안 이메일이 쌓인다. 전화의 자동응답 메
시지도 쌓인다. 그러나 잠깐 연락이 닿지 않아도 큰일이 일어
나지 않는다. 그런 경우는 매우 드물다. 15년 전까지는 외국

에서는 인터넷 접속이 힘들어 해외여행을 하면 일주일은 연락이 되지 않는 것이 당연했다. 그래도 세상은 잘 돌아갔다. 거꾸로 말해 일주일 동안 연락이 닿지 않아도 주변에서 문제가 생기지 않도록 이런저런 준비를 해두는 배려가 있었다. 그런 마음을 되찾아야 한다. 즉시 답하는 것이 성실의 증거는 아니다.

인터넷에는 접속하지만 인간관계는 끊는다. 구글에는 접속하지만 소셜 네트워크는 끊는다. 이는 인터넷을 강한 유대관계를 더욱 강하게 하는 공간이 아닌, 약한 유대관계가 랜덤하게 발생하는 공간으로 바꾸는 것이기도 하다.

친구에 구애받지 말라. 인간관계를 필요 이상으로 소중히 하지 말라. 어처구니없는 결론으로 보이겠지만 소셜 네트워크 시대에 자유롭고 싶다면 소중히 여겨야 할 마음가짐이다.

9

나가며

여행과 이미지

서문에 적은 것처럼 이 책은 2012~2013년에 걸쳐 겐토샤의 PR지인《성성협》에 연재했던 글을 재구성한 것이다.

본문에서도 거듭 언급한 것처럼 내가 이 글을 연재한 기간은 '후쿠시마 제1 원전 관광지화 계획'을 기획하고 후쿠시마와 체르노빌 취재를 거쳐 서적 출판에 이르는 기간과 겹친다. 결과적으로 이 책은 저 계획의 배후에 자리한 사상을 논한 책이 되었다. 그래서 마지막에서도 저 계획에 대해 한마디 하겠다.

2014년 3월 11일, 저널리스트 쓰다 다이스케 씨와 함께 원전 사고 재해 지역에서 방송하는 인터넷 및 라디오 생중계에 출연했었다. 거기에서 '후쿠시마'라는 지명의 모호함이 갖는 문제를 말했다. 출연하기 직전, 정부가 도호쿠 재해 지역의 3현에 재건 기념 시설을 건설할 계획이라는 뉴스를 보았다. 이와테 현은 리쿠젠타카타陸前高田 시에, 미야기 현은 이시노마키石巻 시에 만든다고 한다. 그런데 후쿠시마 현만 건설지가 미정이었다.

여기에 큰 문제가 숨어 있다. 리쿠젠타카타 시와 이시노마키 시는 쓰나미로 괴멸적인 피해를 입은 대표적인 도시라는 공통된 인식이 있다. 당신도 두 지역이 쓰나미로 피해를 입은 영상을 여러 번 보았을 것이다.

그러나 후쿠시마 '현'은 아이즈會津, 나카도리中通り, 하마도리浜通り라는 세 지역으로 나뉘어 있고, 각각 피해 수준이 다르다. 특히 아이즈의 경우, 원전 사고로 인한 피해는 거의 입지 않았다.

같은 후쿠시마라도 방사능 영향으로 오랫동안 집으로 돌아가지 못하는 사람이 있고, 반대로 실제로는 거의 방사능 오염이 없는데도 소문에 의한 피해로 고통받는 사람이 있다. 두 사람은 전혀 다른 상황에 놓여 있다. 당연히 원전에 대한 입장도 다르다. 즉, 후쿠시마 현의 피해를 대표하는 장소는 존재하지 않는다. 그래서 기념 시설이 들어설 장소조차 정하지 못하고 있다.

그럼 어떻게 해야 할까? 나는 원전 주변의 구 경계 구역의 기초자치단체에 후쿠시마가 아닌 새로운 이름을 붙여야 한다고 생각한다. 이 책에서 사용한 용어를 빌리자면 원전 피해지를 지칭하는 새로운 검색어를 만들어야 한다.

라디오 방송에 출연해서는 "원전 피해지는 '얼굴'을 다시 가져야 한다"는 표현으로 내 생각을 전했다.

최근 3년 동안 후쿠시마를 방문할 때마다 느낀 것은 원전 피해지를 '후쿠시마'나 '구 경계 구역'으로 부를 게 아니라 각각 고유한 역사와 문맥을 가진 지명으로 불러야 한다는 것, 그것이 진정한 재건으로 이어진다는 것이다. 생각해보면 '경계 구역'이라는 말은 극히 관료적이다. 이 말에는 3.11 이전의 역사가 전혀 담겨 있지 않다. 원전 피해지에도 이시노마키, 리쿠젠타카타와 다를 바 없이 긴 역사가 있었을 텐데 지금은 그것이 보이지 않는 처지에 있다.

그럼, 구체적으로 어떤 검색어를 만들면 될까? 실은 원전 피해지를 하나로 묶을 수 있는 기초자치단체가 없다. 후타바마치双葉町, 오쿠마마치大熊町, 나미에마치浪江町, 히로노마치広野町 …… 이처럼 작은 기초자치단체가 병존하고, 이것이 외부에서 봤을 때 상황을 파악하기 힘든 이유다. 이 책을 읽는 사람 가운데서도 원전 피해지가 어디냐는 물음에 바로 지명을 답할 수 있는 사람은 별로 없을 것이다.

그곳에서 기초자치단체를 통합해 커다란 '후타바 시'를 만들자는 운동을 시작한 현지 NPO^{Non Profit Organization, 비영리단체}가 있다. 얼마 전, 그분과 만나 얘기를 나누었다. 나는 이 운동에 대찬성이다. 만약 '후쿠시마'나 '구 경계 구역'이 '후타바'로 바뀌어 사람들이 이 지명으로 검색하고, 이재민이 이 명칭으로 목소리를 내기 시작하면 그 순간부터 원전 피해지에는 같은 후쿠시마라도 나카도리의 후쿠시마 시나 고리야마 시와는 전혀 다른 문제가 존재한다는 것을 알게 될 것이다. 그리고 이것이야말로 가장 험난한 문제라는 사실을 많은 사람이 깨달을 것이다. 사태를 어떤 말로 지칭하느냐는 단순히 기호의 문제처럼 보이지만 사실은 명칭을 통해 현실이 바뀌기도 한다.

후쿠시마라는 지명은 검색어로서는 너무 많은 뜻을 담고 있다. 인터넷에서 "후쿠시마 사람들의 마음을 생각해라!"라는 말을 자주 접하는데, 그들은 후쿠시마의 '어디'를 말하는 것일까? 아이즈, 나카도리, 하마도리 중에 어디인가에 따라 이해관계가 전혀 달라진다. 원전 피해지가 원래의 '얼굴'을, 즉 검색어를 가졌을 때 비로소 진정한 재건이 시작될 것이다.

사람이 서로를 이해하기는 힘들다. 사람은 처음에 극히 조금밖에 알지 못한다. 사람은 검색어를 통해서만 다른 사람의 '얼굴'을 발견할 수 있다.

우리는 늘 새로운 검색어가 필요하다. 하나의 새로운 검색어를 발견하는 것은 하나의 새로운 '얼굴'을 발견하는 것과 같다. 후쿠시마 제1 원전 관광지화 계획도 검색어를 찾는 여행이었다.

현실을 안다는 것.

이는 기호로부터 멀어지는 것이 아니다.

현실로 되돌아가는 것이 아니다.

되돌아갈 현실 따위는 존재하지 않는다.

우리는 기호밖에 모른다.

따라서 기호를 여행하기 위해 현실을 여행한다.

복제를 풍요롭게 하기 위해 원본을 알아간다.

강한 관계를 더욱 강하게 하기 위해 약한 관계에 뛰어든다.

이 책은 그런 역설을 호소하기 위해 썼다.

이 책의 역설이 당신의 인생을 조금이라도 풍요롭게 한다면 글쓴이에게 큰 기쁨이 될 것이다.

2014년 6월 6일
아즈마 히로키

나
가
며

여
행
과
이
미
지

옮긴이의 말

미지의
나를 찾아 떠나는
일시적인 여행

① 아즈마의 네번째 주제

이 책은 일본의 사상가 아즈마 히로키의 저서 가운데 가장 평이한 내용으로 이루어져 있다. 원래 아즈마의 책은 간결한 문제로 써 있어 알기 쉽지만, 저자가 서문에 밝혔듯이 이 책은 의도적으로 철학이나 사상에 사전 지식이 없어도 읽을 수 있게 만들었다.

아즈마는 이십대 초반에 내놓은 『존재론적, 우편적』에서 현대철학자로서의 면모를 유감없이 발휘해 일본 인문계의 전설이 되었다. 그 후에는 『동물화하는 포스트모던』을 간행해 서브컬처(하위문화) 비평가로 화려하게 전향했다. 동시에 인터넷 등 새로운 정보환경과 사회 구조의 관계를 꾸준히 천착하면서 이를 집대성한 『일반의지 2.0』을 내놓았다. 즉, 아즈마는 '현대 철학 / 서브컬처 / 정보 환경'이라는 세 가지 주제를 각기 논한 사상가이다. 그리고 아즈마는 이 책을 통해 '관광'이라는 네번째 주제를 논한다.

언뜻 보면 현대 철학, 서브컬처, 정보 환경, 관광은 모두 제각각이라 일관성이 없는 듯 보일지도 모른다. 하지만 이를 관통하는 틀을 찾아낼 수 있는데, 『약한 연결』은 아즈마의 일관된 시각을 가장 알기 쉽게 제시하고 있다.

② 짝 개념 1 - 강한 유대관계 / 약한 유대관계

이 책의 핵심적인 짝 개념은 책의 제목과도 관련 있는 '강한 유대관계 / 약한 유대관계'이다. 강한 인간관계는 사람을 익숙한 공간에 고정시키고, 공동체의 가치관에서 벗어나기 어렵게 만든다. 강한 유대관계가 주류인 사회에서는 전형적인 인간이 양산된다. 그 사람이 속한 공동체가 안정적이라면 그 인생도 안정적일 확률이 높다.

한편, 아즈마가 미국의 사회학자 그라노베터의 연구 결과를 가져와 논하는 것처럼 약한 유대관계는 사람에게 뜻밖의 가능성을 열어줄 수 있다. 공동체 밖을 경험할 수 있는 기회도 제공한다. 그러나 그 사람의 인생에 유동적인 요소를 가져오고, 그만큼 불안 요소가 될 수 있다.

강한 유대관계로 이루어진 인생, 철두철미할 정도로 계획적이고 일사불란한 인생, 우연이 개입할 여지가 없는 안정된 인생, 통계적으로 질서 지워진 인생. 이런 삶을 어떻게 생각하는가? 아즈마는 말한다. "많은 사람은 오직 한 번뿐인 인생을 유일무이한 것으로 여기고 살아간다. 통계적으로 예

옮긴이의 말

미지의 나를 찾아 떠나는 일시적인 여행

측되는 인생은 지겹다고 느낄 것이다."(11쪽).

　　그렇다면 예측 밖의 우연과 해후할 수 있는, 통계에 환원되지 않는 요소를 우리의 삶에 도입할 필요가 있다. 아즈마는 관광이 인생에 우연을 가져오는 계기, 통계적 전형성에 소음(노이즈)을 끼워 넣는 계기가 된다고 본다. 그가 이십대에 『존재론적, 우편적』에서 '배달 오류誤配'라는 철학 용어로 제시했던 타자성이 사십대에 들어 '관광'이라는 구체적인 행위가 되어 돌아왔다고 할 수 있다.

③ 짝 개념 2 - 말 / 말이 아닌 것

인간의 세상은 두 가지로 이루어져 있다. 말과 말이 아닌 것. 우리가 보고 듣고 만지는 것은 모두 말이 아니다. 글자를 눈으로 볼 때조차 그것은 어디까지나 색채적인 차이를 지닌 시각정보일 뿐 우리의 머릿속에서 언어로 변환했을 때 비로소 말이 된다. 한글을 모르는 사람이 한글을 보았을 때 그것은 언어가 아닌, 뜻을 알 수 없는 검정색 무늬다. 글자조차 그 자체는 말이 아니다. 말은 사람의 머릿속에만 존재한다.

우리가 살면서 원하는 것은 대부분 말이 아니다. 행복, 평화, 정의, 사랑, 쾌락, 부, 권력 등등. 말 자체를 원하는 사람은 거의 없다. 따라서 말은 늘 말이 아닌 그 무엇을 위한 수단이다.

하지만 말은 한없이 목적에 가까운 수단이기도 하다. 우리는 말을 통해 생각, 느낌, 감정을 전하고 확인하고 정리하고 축적한다. 우리는 말을 통해 말이 아닌 것을 주고받고, 사고팔고, 소유 여부를 정한다. 일본의 철학자 사사키 아타루는 텍스트, 즉 글이 결국 인간 세상의 질서를 만들고 유지하며, 세상을 전복하는 힘도 글에 있다고 역설한다. 나쓰메 소세키의 소설에는 이런 말이 나온다. '구마모토보다 도쿄가 넓고, 도쿄보다 일본이 넓다. 그리고 일본보다 머릿속이 넓다.' 말로 이루어진 세계는 말이 아닌 것으로 이루어진 세계보다 넓을 수 있다. 우리는 말로 우주 밖까지 갈 수 있다. 달리 말해 끝이 없다.

이 책의 저자 아즈마 히로키는 이러한 말의 특성을 무한히 계속되는 메타 게임으로 설명한다. 메타 게임은 원리상 끝없이 계속된다. 말의 자기 증식에는 한계가 없다는 말이다. 아즈마는 이를 말의 한계라고 본다.

아즈마는 말로 구성된 세계의 대표로 인터넷을 들고 있다. 사람들은 인터넷에 접속해 자신이 원하는 정보를 검색하고, 자신이 의도한 정보를 축적해간다. 자신이 원하는 정보만을 접하는 사람이 어떤 생각을 가질지는 뻔하다. 자기 언어에 갇힌 인간이 되고 말 것이다. 따라서 아즈마는 독자에게 말이 아닌 것을 향해, 언어 외부로 떠날 것을 요청한다.

④ 아즈마 사유의 틀

여기까지 이 책의 주요 짝 개념을 두 가지로 논했다. 하나는 '강한 유대관계 / 약한 유대관계'다. 이는 '공동체(균질성) / 타자성(이질성)'으로 치환 가능하다. 다른 하나는 '말 / 말이 아닌 것'으로, 이는 '의식 / 환경'으로 치환 가능하다. 이들을 아래의 표로 정리할 수 있다.

〈아즈마 사유의 틀〉

	공동체(균질성)	타자성(이질성)
의식(말)	A 통계화 가능한 삶 <small>(구글 등이 예측 가능한 검색어)</small>	B 통계화 할 수 없는 삶 <small>(새로운 검색어)</small>
환경(말이 아닌 것)	C 일상의 환경	D 미지의 환경

우리는 평소 A에 있다. 그리고 C가 A를 규정한다. 아즈마는 A 속에서 계속 살 것이 아니라 가끔 B를 도입할 필요가 있으니 D를 실현할 기회를 가져야 한다고 주장한다. 이를 풀어서 설명하면 다음과 같다.

의식은 환경의 산물이다. 말도 환경의 산물이다. 따라서 동질한 자아의 자기증식에 안주할 게 아니라 타자성을 획득하고자 한다면 말을 낳는 환경을 바꾸어야 한다. 이 책을 옮긴이의 관점에서 볼 때, '몸'과 '욕망'이 환경과 의식을 매개하는 역할을 한다. 우리의 몸을 미지의 환경에 두었을 때 새로운 욕망이 생기고, 이것이 우리에게 새로운 검색어, 즉 새로운 의식을 갖게 한다. 미지의 환경에 몸을 두는 방법, 그것이 바로 관광이다. 미지의 나를 찾아 떠나는 일시적인 여행이기도 하다.

물론 관광 외에도 새로운 검색어를 획득하는 방법은 있을 것이다. 이 책은 관광을 논하고 있지만 독자들이 그 밖의 방법을 생각할 수 있겠다.

현대 일본을 대표하는 논객이자 여러모로 논쟁을 불러일으킨 아즈마 히로키. 옳고 그름의 잣대가 명확한 사람에게 그의 사유는 별 의미가 없을지도 모른다. 하지만 급변하는 세상에서 무엇이 옳고 그른지 고민하는 사람에게 아즈마의 글은 그 고민을 더욱 깊이 있게 하는 역할을 해준다. 아즈마의 주장이 옳은지 그른지 판단할 때 독자가 기대고 있는 기준이 무엇인지를 성찰하게 하기 때문이다.

아즈마의 문체는 평이하다. 하지만 그의 글이 갖는 내용은 위화감과 이질감이 뒤섞인 묘한 감각을 불러일으킨다. 셰익스피어의 『맥베스』에 이런 대사가 나온다. "Fair is foul, and foul is fair." "깨끗한 것은 더럽다, 더러운 것은 깨끗하다"라고 번역할 수 있다. 깨끗한 것의 더러움을, 더러운 것의 깨끗함을 알았을 때 현실에 뿌리내린 사유가 시작된다. 아즈마의 글은 이 깨끗함과 더러움의 경계를 오간다. 그의 글은 그러한 운동의 궤적이고, 때로는 독자를 혼란스럽게 한다. 그 혼란은 읽는 이의 사유를 자극한다.

마지막으로 이 책을 번역할 기회를 준 북노마드에 감사의 마음을 전한다. 번역 내용에 문제가 있다면 전적으로 옮긴이의 불찰과 역량 부족 탓이다. 혹시 그런 부분이 발견된다면 옮긴이에게 기탄없는 의견과 지적을 보내주시기 바란다(트위터 @aniooo). 지금까지 번역해온 책과 마찬가지로 개인 블로그(http://aniooo.wordpress.com)를 통해 오류를 고친 번역을 게재하는 방식으로 수시로 그 결과를 반영함으로써 잘못을 바로잡아가겠다.

2016년 가을
안천

옮긴이의 말

미지의 나를 찾아 떠나는 일시적인 여행

181

약한 연결

초판 1쇄 발행 2016년 12월 22일
초판 5쇄 발행 2024년 5월 1일

지은이 아즈마 히로키
옮긴이 안천
펴낸이 윤동희
펴낸곳 북노마드

편집 김민채
디자인 정승현
제작 교보피앤비

출판등록 2011년 12월 28일
등록번호 제406-2011-000152호
문의 booknomad@naver.com

ISBN 979-11-86561-36-2 03300

www.booknomad.co.kr